윤동주

별을 노래하는 마음

지은이 **정지원**

의정부에 사는 시인입니다. 대학 4학년 때 '오월문학상' 시 부문에 당선되면서 시를 쓰기 시작했지요. 〈사람이 꽃보다 아름다워〉를 비롯한 많은 시들이 노래로 만들어졌습니다. 2003년에 첫 시집 《내 꿈의 방향을 묻는다》를 낸 뒤로 산문집 《내 영혼의 그림 여행》, 어린이책 《태양의 딸, 평강》《안녕하세요? 나는 화가입니다》 등을 썼습니다.

그린이 **임소희**

제주에 사는 만화가입니다. 여러 매체에 시사만화를 연재했으며, 연재했던 만화를 묶어 《재일동포 리정애의 서울 체류기》를 펴내기도 했습니다. 어린이책 《윤봉길》《유일한》에 그림을 그렸습니다.

한겨레 인물탐구 · 7

윤동주 별을 노래하는 마음

초판 1쇄 발행 2011년 12월 26일 | 10쇄 발행 2025년 4월 21일

지은이 정지원 | 그린이 임소희 | 펴낸이 유강문 | 편집 한겨레아이들
디자인 골무 | 마케팅 김한성 조재성 박신영 김애린 오민정

펴낸곳 (주)한겨레엔 www.hanibook.co.kr | 주소 서울시 마포구 창전로 70 (신수동) 화수목빌딩 5층
전화 02-6383-1602~3 | 팩스 02-6383-1610 | 출판등록 2006년 1월 4일 제313-2006-00003호
이메일 book@hanien.co.kr

ISBN 979-11-6040-773-0 74990
      978-89-8431-366-8 (세트)

- 값은 뒤표지에 있습니다.
- 이 책의 일부 또는 전부를 재사용하려면 반드시 저작권자와 (주)한겨레엔 양측의 동의를 얻어야 합니다.
- KC마크는 이 제품이 공통안전기준에 적합하였음을 의미합니다.
⚠ 책 모서리에 다치지 않게 주의하세요.

일러두기 이 책에 실린 윤동주의 시는 《정본 윤동주 전집》(2004)을 따랐습니다. 단, 〈오줌싸개 지도〉는 이본 중 가장 널리 알려진 것을 선택했고, 〈별 헤는 밤〉은 지은이의 해설과 함께 10연을 포함해 실었습니다.

사진 제공 윤동주기념사업회, 고려대학교 세종 학술정보원, 한겨레신문사

윤동주
별을 노래하는 마음

정지원 글 | 임소희 그림

한겨레아이들

| 여는 글 |

절망의 시대, 슬픔과 부끄러움을 노래한 시인

윤동주 시인이 손으로 직접 쓴 〈서시〉 원고.

　　여러분은 시를 좋아하나요? 학교에서 배우고 가끔 시집도 읽는다고요? 그렇다면 좋아하는 시인도 있나요? 지금부터 여러분에게 제가 태어나서 처음 만난 시인에 대해 들려주려고 합니다. 바로 윤동주 시인입니다.

제가 윤동주 시인을 만난 건 중학교에 갓 입학한 무렵이에요. 국어 참고서 귀퉁이에 아주 잘생긴 젊은 시인의 사진이 반짝 눈에 띄었지요. 그런데 그 시인의 일생은 너무도 짧고 슬펐답니다. 그뿐인가요? 〈서시〉라는 제목의 시는 어찌나 감동적이던지요. 그래서 저는 처음으로 시집을 사기로 했습니다. 한참 돈을 모아 떨리는 마음으로 서점에 가서 산 시집의 제목은 『하늘과 바람과 별과 시』였습니다. 제목 아래는 '윤동주 유고 시집'이라는 부제가 있었던 것 같아요. 유고 시집은 시인이 세상을 떠난 뒤 생전에 남긴 원고로 엮은 시집을 말합니다. 얄팍한 시집 한 권을 가슴에 포옥 끌어안고 버스를 기다리던 소녀는 자라나 이제 어른이 되었지만, 별이 유난히 맑게 빛나는 밤이면 그 추억들이 새록새록 되살아나곤 합니다.

윤동주 시인이 살았던 시대는 참담하고 어두운 일제강점기였습니다. 나라를 빼앗긴 채 살아가야 하는 우리 민족의 상황은 절망 그 자체였지요. 지금 우리가 당연하게 누리고 있는 많은 것이 윤동주가 살던 시대에는 죽음을 각오하고 싸워야만 하는 일이었습니다. 대표적인 것이 바로 말과 글이었지요. 일제는 우리말과 글을 쓰지 못하게 했어요. 말과 글에는 그것을 쓰는 이들의 정신이 담겨 있으니까요. 윤동주는 그런 시대를 사는 슬픔과 부끄러움을 시로 써 내려갔습니다.

이 책은 윤동주 시인의 일생을 담고 있습니다. 저는 시인의 일생을

풀어가는 열쇠로 시를 선택했어요. 윤동주의 대표적인 시를 한 편씩 놓고 그 속에서 인물의 삶과 그가 살았던 시대를 함께 살펴보았습니다. 시가 조금 어렵고 생소하다고 느낄 수도 있는 친구들을 위해 시에 대한 해설도 곁들였습니다.

30여 년 전 제 마음을 설레게 했던 〈서시〉로 되돌아가 볼까요? '서시'는 시집의 첫머리에 싣는 시입니다. 시인이 한 권의 시집을 통해 세상에 내고 싶은 가장 싱싱한 목소리라고 할 수 있지요. 이제 윤동주의 〈서시〉로 이 책을 열어 보겠습니다.

서시

죽는 날까지 하늘을 우러러
한 점 부끄럼이 없기를,
잎새에 이는 바람에도
나는 괴로워했다.
별을 노래하는 마음으로
모든 죽어가는 것을 사랑해야지
그리고 나한테 주어진 길을
걸어가야겠다.

오늘 밤에도 별이 바람에 스치운다.
(1941년 11월 20일)

글을 쓰는 내내 곁에서 나비처럼 살랑거리며 윤동주 시인에 대해 묻던 착하고 예쁜 조카 허서진에게 이 책을 바칩니다.

2011년 겨울 정지원

차례

여는글 4

1. 나를 닮은 시
해처럼 빛나는 아이 13
명동촌 미래의 지사들 23

2. 소년에서 청년으로
서러운 상실의 시절 33
문학 소년의 꿈을 키우며 38
말간 희망의 노래 49

3. 시인의 꿈을 찾아
　새로운 길　57
　슬퍼하는 자는 복이 있나니　70
　첫 시집을 꿈꾸다　82

4. 쉽게 씌어진 시
　참회록, 부끄러운 고백　93
　육첩방은 남의 나라　103
　한 줌의 재로 변해 용정으로　111

5. 하늘과 바람과 별과 시
　유고 시집 발간과 그 후　121

맺는 글　126
시 찾아보기　128

1. 나를 닮은 시

해처럼 빛나는 아이

오줌싸개 지도

빨랫줄에 걸어 논
요에다 그린 지도는
지난밤에 내 동생
오줌싸서 그린 지도

꿈에 가본 엄마 계신
별나라 지돈가
돈 벌러간 아빠 계신
만주땅 지돈가

(1936년 초 추정)

    이 시에서 말하는 아이는 동생이 실수한 이불을 널어 주었나 봐요. 형은 동생이 이불에 그려 놓은 지도를 보고, 야단치고 놀리는 대신 동생의 마음을 헤아려 줍니다. 요가 햇빛에 마를 때까지 쪼그리고 앉아서 하늘나라에 가신 엄마 생각을 하며 어린 동생을 더 잘 돌봐 줘야겠

다고 다짐하는 건지도 모릅니다. 서산에 해가 지고 몇 날이 지나도 그 춥고 먼 만주 땅까지 돈 벌러 가신 아버지도 소식이 없습니다. 순하고 착한 형은 나어린 동생이 한겨울 밤 또 오줌을 싸도 축축하고 무거운 요를 낑낑대고 좁은 마당 빨랫줄에 걸어 놓으며 지도를 바라볼까요? 날이 저물도록 콧물 훌쩍이며 하늘 한 번 보고 엄마 생각하고, 일하러 만주 가신 아버지 생각하다 잠이 들까요?

여기, 또 한 편의 시가 있습니다.

고향 집
― 만주에서 부른

헌 짚신짝 끄을고
나 여기 왜 왔노
두만강을 건너서
쓸쓸한 이 땅에

남쪽 하늘 저 밑엔
따뜻한 내 고향
내 어머니 계신 곳
그리운 고향 집.

(1936년 1월 6일)

이 시에서 말하는 이는 고향을 멀리 떠나왔습니다. 그리고 지금 눈보라가 날리는 허허벌판에서 추위에 떨며 두고 온 고향과 가족 생각에 눈물을 훔치고 있습니다. 돈을 벌기 위해 먼 타향으로 왔지만 이곳이라고 해서 돈벌이가 쉽지는 않습니다. 어린 자식들과 늙으신 어머니는 오늘도 이 머나먼 곳까지 일하러 떠나온 자신을 기다리고 있겠지요. 광활한 만주 땅 가난한 노동자 아버지의 차가운 겨울밤은 따뜻한 고향 집을 그리는 마음과 대조되어 더욱 비참하게 느껴집니다.

두 시에서 공통점을 찾을 수 있었나요? 바로 '만주'라는 곳이지요. 그곳은 아이가 기다리는 아버지가 돈 벌러 간 땅, 떠나온 사람들이 따뜻한 고향을 그리워하던 쓸쓸한 땅이네요. 만주는 중국의 동북지방, 두만강과 압록강 이북의 광활한 지역을 가리킵니다. 우리나라 사람들은 조선 후기부터 가난과 수탈(강제로 빼앗음)을 견디지 못해 이곳으로 들어가기 시작합니다. 일제강점기에는 경제적인 이유뿐만 아니라 일제의 감시를 피해 독립운동을 하기 위해 이주하는 사람들도 많이 생겼지요. 치열한 독립운동의 현장이던 만주는 윤동주 시인이 태어나 어린 시절을 보낸 곳이기도 합니다.

윤동주 시인은 1917년 12월 30일 북간도 명동촌에서 태어났습니다. 북간도는 우리가 지금 연변이라고 부르는 두만강 북쪽의 옛날 만주 땅입니다. 본래 고구려와 발해의 옛 땅으로 우리 선조들의 삶의 터전이기도 해서 그 시대 유물이 많이 출토되기도 했지요. 간도는 '사이

섬'이란 뜻이지만 실제 섬은 아닙니다. 이곳은 만주족이 청나라를 세웠던 곳으로, 수도를 베이징으로 옮긴 후 비워 둔 땅이었습니다. 즉 조선과 청나라 사이에 섬처럼 끼여 있다고 해서 붙여진 이름입니다. 우리나라 사람들이 이곳에 이주하기 시작한 때는 1869년 무렵입니다. 그 당시 함경남도에 큰 흉년이 들자 간도로 가서 농사를 지으려고 사람들이 청나라 몰래 집단 이주를 하기 시작한 것입니다.

중국 용정의 명동촌에 있는 윤동주 시인의 생가. 허물어졌다가 1994년 복원되었습니다. 윤동주가 어린 시절에 지내던 방, 방학 때 귀향하여 시를 쓰던 방이 그대로 만들어져 있고 주변에 명동학교 유적, 윤동주 기념비, 시 〈자화상〉에 나오는 우물 등이 있습니다.

1899년 2월 18일, 두만강변 도시에 살던 네 집안이 북간도로 터전을 옮겨 와 마을을 세우고 정착합니다. 이것이 윤동주의 고향 마을인 명동촌의 시작이지요. 이들은 청나라 지주들에게 미리 땅을 사 놓고 들어갔는데, 무려 141명이 한꺼번에 움직인 대 이주였습니다. 네 집안의 어른들은 모두 학자로, 문병규(문익환 목사의 고조부)를 위로 모신 문씨 가문이 40명, 김약연(윤동주의 외삼촌) 가문이 31명, 김하규 가문이 63명, 남도천 가문이 7명이었습니다. 이들의 북간도 이주는 뚜렷한 목적을 가지고 있었습니다.

    첫째, 기름진 땅을 많이 사서 우리도 잘 살아 보자.
    둘째, 집단으로 들어가 살아서 간도를 우리 땅으로 만들자.
    셋째, 기울어 가는 나라의 운명을 바로 세울 인재를 기르자.
    이 중에서 특히 세 번째 목적을 눈여겨볼 필요가 있습니다. 문병규, 김약연, 김하규, 남도천, 이 네 학자는 모두 고향에서 훈장이었기 때문에 교육을 중요하게 여겼습니다. 이들은 '학전(교육전)'이라는 이름으로 공동의 땅을 만들었습니다. 그리고 여기서 나온 이익금을 교육기금으로 삼아 세 군데에 서재를 설치하고 학생들이 공부할 수 있게 했습니다. 이 서재들은 나중에 명동학교가 되어 수많은 항일 독립운동가를 배출합니다. 시인 윤동주는 이렇게 어른들의 높은 교육열과 강한 민족의식이 배어 있는 북간도 명동촌에서 태어나고 자라게 됩니다.

    윤동주 시인의 윤씨 가문은 명동촌이 생긴 이듬해인 1900년에 명

윤동주 시인의 아버지 윤영석과 어머니 김용.

동에 땅을 사서 들어옵니다. 윤동주의 할아버지 윤하연은 사람들에게 '명동의 여러 어른들 가운데서 인물됨이 가장 컸다'는 존경을 받은 분입니다. 학문은 전혀 없었지만 사람 됨됨이가 바르고 출중했다는 뜻이지요. 체구가 크고 당당했으며, 외출할 때는 말을 타고 다녔다고 하니 참 멋진 분이었겠지요? 윤동주의 아버지 윤영석은 그의 아버지와 달리 몸집이 크지는 않았다고 해요. 신학문을 배운 명동학교의 교사였는데 시적인 기질이 매우 풍부한 분이었다고 합니다. 윤동주 시인의 감수성이 혹시 아버지의 영향은 아닐까요?

윤씨 가문이 이주한 지 10년 만에 김약연의 누이동생 김용과 윤영석이 혼인을 합니다. 어머니 김용은 몸이 약했지만 인품이 너그럽고 조신했습니다. 바느질 솜씨가 매우 뛰어나 동네 처녀들이 결혼을 할 때면 새색시 옷을 꼭 김용에게 지어 달라고 부탁할 정도였습니다. 윤영석과 김용은 혼인한 지 8년 만에 윤동주를 낳습니다. 윤동주의 아기 때 이름은 '해처럼 빛나라'라는 뜻인 '해환'이었습니다.

윤동주네 집에는 윤동주보다 석 달 먼저 태어난 고종사촌 송몽규가 있었습니다. 이 둘의 인연은 매우 특별합니다. 탄생에서부터 죽음까지, 삶을 함께하는 기구한 운명을 나누기 때문이지요. 윤동주의 외사촌인 시인 김정우, 통일 운동가인 문익환 목사도 윤동주와 명동소학교를 함께 다닌 어린 시절의 친구들입니다. 어린 시절에 그들은 앞으로 어떤 운명의 길이 열리게 될지 알지 못했겠지요. 모두들 어른들의 사랑을 마음껏 받으며 밝게 웃는 개구쟁이로 천진하게 자라납니다.

그런 어린 시절이 엿보이는 윤동주의 동시를 살펴볼까요?

빗자루

요─리조리 베면 저고리 되고
이─렇게 베면 큰 총 되지.
누나하구 나하구
가위로 종이 쏠았더니
어머니가 빗자루 들고
누나 하나 나 하나
볼기짝을 때렸소

방바닥이 어지럽다고—

아니 아—니
고놈의 빗자루가
방바닥 쓸기 싫으니
그랬지 그랬어
괘씸하여 벽장 속에 감췄더니
이튿날 아침 빗자루가 없다고
어머니가 야단이지요.

(1936년 9월 9일)

    여러분도 노는 게 제일 좋은가요? 뭐 그런 당연한 걸 묻냐고요? 이상하지요? 놀 때는 시간이 껑충껑충 잘도 가는데 하기 싫은 공부를 억지로 할 때는 느림보 나무늘보처럼 도무지 가질 않으니까요. 지금 이 시 속의 아이는 누나와 종이를 오리고 있습니다. 사각사각 가위로 종이를 오리는 놀이는 참 재미있지요. 그러다 결국 방을 잔뜩 어지럽혔다고 엄마한테 빗자루로 엉덩이를 한 대씩 맞았네요. "빗자루가 어디 갔지? 빗자루에 발이 달렸나……." 엄마가 빗자루를 찾네요. 벽장 속에 빗자루를 감추어 둔 남매의 킥킥거리는 웃음소리가 들리는 듯합니다.

사과

붉은 사과 한 개를
아버지, 어머니,
누나, 나, 넷이서
껍질째로 송치까지
다— 노나 먹었소.

(1936년 12월 추정)

    한겨울 눈이 펑펑 내리는 날에 사과 한 알을 식구들이 사이좋게 나누어 먹습니다. 왜 하나 가지고 나눠 먹느냐고요? 그야 하나밖에 없으니까 그렇지요. 지금이야 과일이 흔하지만, 옛날에는 비닐하우스도 냉장고도 없었으니 사과 하나도 귀했답니다. 따끈따끈한 아랫목에 모여 네 조각으로 나눈 사과를 속까지 알뜰하게 먹는 식구들을 떠올려 보세요. 손에 쥔 작은 사과 조각을 앞니로 살살 긁어 가며 아껴 먹는 상상을 해 보세요. 상큼하고 달콤한 사과 향기가 입에 가득 퍼지겠지요. 식구들끼리 사이좋게 먹었다, 사과 맛이 어땠다, 이런 말 하나 없어도 그 느낌과 모습이 생생하게 그려지지 않나요? '송치'는 속이라는 뜻입니다. '노나 먹는다'는 말은 할머니나 할아버지에게 들어 본 말일 겁니다. 나누어 먹는다는 말보다 정감이 있지요? 옛날부터 우리나라 사람들은 가난 속에서도 함께 모여서 '다— 노나 먹'는 기쁨을 누리며 살았답니다.

명동촌 미래의 지사들

1925년 만 여덟 살이 된 윤동주는 명동소학교에 입학합니다. 명동소학교는 수많은 항일 독립운동가를 배출한 학교답게 한글과 우리나라의 역사를 가장 중요하게 여겼습니다. 글짓기를 할 때는 독립에 대한 내용이 들어가 있지 않으면 점수를 주지 않을 정도였고, 학생들도 일본말을 해 일(日) 자가 아닌 가로 왈(曰) 자를 붙여 '왈본말'이라 비웃었습니다. 늘 독립을 마음에 품고 가르침을 전하며 배우는 곳이었지요.

소학교 시절 윤동주는 조용한 아이였다고 합니다. 힘이 세서 싸움도 잘하고 친구들을 휘어잡는, 흔히 말하는 남자다운 성격은 아니었나 봅니다. 삼 남매 중 맏아들이었는데 수줍음을 잘 타는 유순한 성격이

명동학교는 1908년 명동촌에 세워진 민족 교육 기관으로 교육의 목표를 항일 독립 정신에 두었습니다. 수많은 독립운동가, 민족 교육자를 배출한 북간도 민족운동의 근거지로, 17년간 명맥을 유지하다 일제의 탄압과 운영난으로 1925년 은진중학교와 통합하며 문을 닫았습니다. 윤동주 시인이 졸업한 명동소학교는 이후 명동교회가 운영하며 1930년대 초까지 유지되었습니다.

윤동주 시인의 친구 송몽규(왼쪽)와 문익환(오른쪽). 고종사촌인 송몽규는 일찍부터 독립운동가로 활동하다 윤동주와 함께 옥사했으며, 문익환은 목사이자 신학자, 시인, 통일 운동가로 한평생을 바쳤습니다.

었습니다. 명동소학교 시절 4학년 담임이었던 한준명 목사는 '순하고, 어질고, 잘 우는 아이'로 윤동주를 회상합니다.

"동주는 누가 조금만 꾸짖으면 금방 눈에 눈물이 핑 돌았지요. 친구가 싫은 소리를 해도 그랬고……. 하하! 본래 재주 있는 아이였어요. 공부도 잘하는 축이었고요. 그래도 어쩌다 문답할 때 대답이 막히면 금방 눈물이 핑 도는 거예요. 송몽규는, 그때 이름은 한범이라고 했는데, 그놈은 늘 말 잘하고 엉뚱했고. 동주와 한범이는 늘 한 책상에 나란히 앉았어요. 인물이야 문익환이가 제일 훤했고……."

외사촌이자 친구였던 김정우 시인은 윤동주가 공부하던 모습을 이렇게 그립니다.

"동주랑 같이 학교에서 1학년 때 국어 공부를 했는데, 당시의 교과서는 『솟는 샘』이라는 등사본이었다. '가' 자에 'ㄱ' 하면 '각' 하고, '가' 자에 'ㄴ' 하면 '간' 하여 천자문을 외듯이 머리를 앞뒤로 저으며 낭랑한 목소리로 암송하던 것이 지금도 기억에 생생하다."

김정우 시인의 다른 이야기에도 그들의 어린 시절이 잘 드러나 있

습니다.

"한범이(송몽규)는 아이들 중에서 언제나 리더 격이었다. 머리가 좋고 공부를 잘할 뿐만 아니라, 성격이 활발하고 매사에 적극적이라서 무슨 일이든지 한범이가 '이런 일을 하자.' 하고 나서길 잘했고 우리는 그대로 따랐다. 소학교 5학년 때 동주 등과 『새 명동』이란 등사판 문예지(시, 소설, 평론 등 문학 작품을 주로 싣는 잡지)를 발행할 때도 그랬다. 성탄절이면 연출 선생님을 모시고 연극을 하곤 했는데 그런 때에도 한범이가 주로 이래라저래라 하여 배역을 정하였다."

문예지를 발행한 일에서 보이듯, 윤동주와 송몽규는 어린 시절부터 문학에 관심이 많았습니다. 명동소학교 4학년 때, 윤동주는 서울에서 월간 잡지 『아이생활』을, 송몽규는 『어린이』를 구독해 읽었습니다. 당시 서울에서 나온 월간 잡지를 구독해 읽는 일은 만주에서 아주 특별한 일이었지요. 윤동주와 송몽규가 읽은 잡지는 온 동네 아이들이 빌려 읽었습니다.

1931년 3월 20일, 윤동주는 송몽규, 문익환 등 친구들과 함께 명동소학교를 졸업합니다. 당시 졸업생 14명은 모두 우리나라 최초의 장편 서사시집인 김동

일제강점기, 어려운 상황 속에서도 40여 종의 어린이 잡지가 발간되었습니다. 『어린이』와 『아이생활』은 그중 대표적인 것으로, 이런 잡지들은 어린이에 대한 인식을 새롭게 하였으며, 많은 아동 문학가들이 활발히 활동하는 통로가 되기도 했습니다.

환의 『국경의 밤』을 졸업 선물로 받습니다. 이 시집이 문학을 사랑하던 어린 윤동주에게 어떤 의미가 되었을지 우리는 잘 알 수 있습니다.

시인의 마음을 타고나서 유난히 섬세한 소년 윤동주, 그리고 거침없고 당찬 성격을 지닌 송몽규, 따뜻한 심성을 지닌 그들의 단짝 친구 문익환은 애국지사(나라를 위하여 자기의 몸과 마음을 다 바쳐 이바지하는 사람)의 마을 명동촌에서 꿈을 키우며 자라납니다. 윤동주는 윤동주답게, 송몽규는 송몽규답게, 문익환은 문익환답게!

이들의 풋풋한 소년 시절을 비추는 시 한 편을 만나 볼까요?

만돌이

만돌이가 학교에서 돌아오다가
전봇대 있는 데서
돌재기 다섯 개를 주웠습니다.

전봇대를 겨누고
돌 첫 개를 뿌렸습니다.
-딱-
두 개째 뿌렸습니다.
-아뿔싸-
세 개째 뿌렸습니다.

—딱—
네 개째 뿌렸습니다.
—아뿔싸—
다섯 개째 뿌렸습니다.
—딱—

다섯 개에 세 개……
그만하면 되었다.
내일 시험,
다섯 문제에, 세 문제만 하면—
손꼽아 구구를 하여봐도
허양 육십 점이다.
볼 거 있나 공 차러 가자.

그 이튿날 만돌이는
꼼짝 못 하고 선생님한테
흰 종이를 바쳤을까요
그렇잖으면 정말
육십 점을 맞았을까요

(1937년 3월 추정)

윤동주 시인의 자필(자기가 직접 글씨를 씀) 원고를 보면 꼬박꼬박 시를 쓰고 고친 날짜를 맨 아래에다 써 놓았습니다. 마치 일기나 편지를 쓰듯 말이지요. 그래서 윤동주 시인의 생애를 연구하는 사람들에게는 아주 중요한 자료가 된답니다. 윤동주 시인이 이 시 〈만돌이〉를 쓴 때는 스물한 살 무렵입니다. 청년이 되어 어린 시절의 개구쟁이 친구 '만돌이'라는 아이에 대해 추억한 시입니다. 이 시 속의 만돌이는 실존 인물일 수도 있고 아닐 수도 있습니다. 만돌이는 공부와는 썩 친하지 않지만 노는 데는 뛰어난 익살꾸러기인 듯합니다. 만돌이가 비추는 윤동주의 어린 시절은 요즘 아이들과 닮았습니다. 평범한 개구쟁이지요. 만돌이는 과연 돌로 친 점대로 시험을 무사히 통과했을까요? 아니면 선생님께 혼쭐이 났을까요? 여러분은 만돌이가 몇 점을 받았을 것 같나요?

호주머니

넣을 것 없어
걱정이던
호주머니는,

겨울만 되면
주먹 두 개 갑북갑북.

(1936년 12월~1937년 1월 추정)

'갑북갑북'은 '가득가득'이란 뜻입니다. 시 속의 가난한 아이는 돈이 없습니다. 돈이 없으니 호주머니가 있어도 아무 소용이 없네요. 무엇을 먹고 싶어도 사 먹을 수 없고요. 그런데 겨울이 되고 손이 시리니 호주머니가 쓸모 있습니다. "어라? 호주머니에 내 주먹을 넣으니 꽉 차네!" 합니다. 이런 걸 바로 '마음먹기에 달렸다'고 합니다. 조금 어려운 말로 '발상의 전환'이라고 하지요. 똑같은 상황이라고 해도 어떤 마음가짐으로 살아가는가에 따라 사람은 다른 선택을 하게 됩니다. 슬픔이나 불행이 와도 이런 삶의 자세를 지닌 사람이라면 끄떡없겠지요?

계절이 바뀔 때마다 나무와 풀은 무럭무럭 자라납니다. 아이들도 나무처럼 풀처럼, 세상이 아무리 춥고 험해도, 사랑의 손길로 무럭무럭 자라납니다. 소년 윤동주와 그의 친구들도 추운 명동촌의 칼바람 속에서도 곱고 바른 심성을 잃지 않고 청년으로 성장해 갑니다.

1931년 3월 명동소학교 졸업식 사진. 두 번째 줄 맨 오른쪽에 서 있는 이가 윤동주, 세 번째가 송몽규, 앞줄 왼쪽 첫 번째가 문익환입니다.

2. 소년에서 청년으로

서러운 상실의 시절

같은 시대를 살아간다 해도, 사람들은 저마다 다른 삶의 태도를 취합니다. 그래서 한 사람의 삶을 깊이 있게 이해하기 위해서는 그를 둘러싼 시대와 역사를 꼼꼼히 보고, 그 상황을 그가 어떻게 헤쳐 나갔는지 잘 살펴보아야 합니다. 윤동주 시인이 살았던 일제강점기, 우리나라 사람들은 엄청난 아픔과 좌절, 앞이 보이지 않는 어두운 길을 고통스럽게 걸어가야만 했습니다.

그때는 끼니도 제대로 때우지 못하는 사람이 많았습니다. 동아일보 1924년 10월 3일 자 기사는 당진 농민들 이야기로 그 심각성을 잘 말해 줍니다.

"(……) 점점 착취 수단이 늘어가는 지주들은 보리까지 타작하여 달라고 하며, 또 논에 보리를 심으면 소출(논밭에서 나는 곡식. 또는 그 곡식의 양)이 적다고 고압적 수단으로 보리를 심어 먹지 못하게 하므로 (……) 금년에도 여름부터 양식이 떨어져서 수천 호 농민은 풀잎과 좁쌀을 얻어서 연명하다가 초가을을 맞아 그것도 하루 이틀 아니고 견딜 수 없어 그 참상은 이루 말할 수 없었는데 (……)"

"전북 고창군에서 금년 한해(가뭄으로 입은 재해)로 인한 최근의 각 면 기근(흉년으로 먹을 양식이 모자라 굶주림) 상태를 조사한 바에 의하면 빈궁(가난하고 궁색함)에 신음하는 가족은 남녀노소 할 것 없어 새벽부터 날이 밝으면 해변에 해초 뜯는 사람이 인해를 이루었고 산에는 쑥과 도토리, 버섯 따는 사람이 인산을 이루어 이같이 참혹한 생활을 하는 사람이 이천 일백여 명에 달하여 그 참상을 이루 말할 수 없더라."

그해 가뭄이 있었다고는 하나 기사가 쓰인 10월은 추수가 막 끝난 시점이고, 호남평야가 있는 곡창지대(쌀 등 곡식이 많이 나는 지역)인데도 그런 상황이었으니 다른 곳은 어땠을까요? 일제는 이른바 '토지조사사업'이란 명목으로 우리 농민에게서 토지를 빼앗고 그 땅을 일본인들에게 싼값으로 팔았습니다. 일제는 지주들의 소유권만 인정했고, 농민들은 소작인(다른 사람의 땅을 빌려 농사를 짓고 그 대가로 사용료를 지급하는 사람)이 되거나 비싼 세금을 내야 했지요. 강제로 빼앗은 엄청난 양의 쌀이 군산항을 통해 일본으로 실려 나갔고 쌀값은 치솟았습니다. 땅을 빼앗긴 농민들은 늘어나는 빚 때문에 일자리를 찾아 광산이나 부두, 도시로 떠났습니다. 그도 아니면 만주나 일본으로 가야 했지요. 그러나 그들을 배불리 먹여 주는 일자리는 어디에도 없었습니다. 도시로 와서 헐값에 막노동자가 되거나, 운이 좋아 공장에 취직하는 사람도 있었지만 공장의 임금은 턱없이 적고 일은 고통스러웠습니다.

해바라기 얼굴

누나의 얼굴은
해바라기 얼굴
해가 금방 뜨자
일터에 간다.

해바라기 얼굴은
누나의 얼굴
얼굴이 숙어 들어
집으로 온다.

(1938년 추정)

　　해바라기는 늦여름에 피는 꽃입니다. 여름에 피는 들꽃은 대개 불볕더위와 장마, 소나기와 맞서 싸웁니다. 봄에 피는 꽃들처럼 사람들이 관심을 가지고 보아 주지도 않습니다. 그래도 여름 꽃들은 소박하고 꿋꿋하게 피어납니다. 시인은 해바라기가 누나를 닮았다고 노래합니다. 해바라기를 닮은 누나는 해가 뜨자마자 식구들을 먹여 살리기 위해 일터로 갑니다. 가난해서 많이 배우지 못한 누나가 할 수 있는 일은 모두 힘한 일들입니다. 논밭에서 해가 떨어질 때까지 일하거나 공장에 가는 것이겠지요. 하루가 가고 지칠 대로 지친 누나가 집으로 돌아옵

1930년대 고무신 공장에서 일하는 조선 여성 노동자들의 모습. 일제강점기 여성 노동자들은 어린 나이부터 감옥과도 같은 환경에서 감시를 받으며 중노동을 했고, 노동의 대가조차 제대로 받지 못했습니다.

니다. 하루 종일 온몸에 소금꽃이 피도록 일하고 고개조차 들 힘이 없습니다. 누나의 꽃다운 청춘이 시들시들 안타깝게 '숙어 들어' 갑니다.

　국내뿐만 아니라 국외에 있는 동포들도 일제의 경제적 수탈과 침략 야욕으로 고통받기는 마찬가지였어요. 1931년 일본군은 만주사변을 일으켜 만주를 침략하고 이듬해 '만주국'이라는 꼭두각시 정부를 세웁니다. 살기 어려워진 중국 사람들은 마적(말을 타고 떼를 지어 다니는 도둑)이 되어 마을을 습격해 돈과 곡식을 빼앗아 가고, 일본군은 마적과 독립군을 잡는다는 핑계로 마을 사람들을 괴롭혔지요. 명동촌의 사람들도 마적과 일본군의 행패에 시달려야 했습니다. 결국 윤동주의 가족도 마적을 피해 명동촌을 떠나 용정시로 이사를 합니다. 용정은 일본 경찰과 만주국 경찰이 많아 마적들을 피할 수는 있는 곳이었기 때문입니다.

문학 소년의 꿈을 키우며

윤동주는 1932년 열여섯 살에 용정에 있는 은진중학교에 입학합니다. 윤동주의 아버지는 용정에서 인쇄소를 차리지만, 사업에 실패합니다. 그 후 포목점을 경영하기도 하지만 평생 선비처럼 살아온 윤동주의 아버지에게 사업 운은 따라 주지 않고 집안 형편은 점차 어려워집니다.

은진중학교 시절의 이야기를 윤동주 시인의 동생 윤일주를 통해 들어 볼까요?

"은진중학교 때 형님의 취미는 다양했지요. 축구 선수로 뛰기도 하고 밤에는 늦게까지 교내 잡지를 내느라고 등사 글씨를 쓰기도 했어요. 기성복을 맵시 있게 고쳐서 허리를 잘록하게 한다든지, 나팔바지를 만든다든지 하는 일을 어머니의 손을 빌지 않고 혼자서 재봉틀질했지요. 2학년 때는 교내 웅변대회에서 '땀 한 방울'이란 제목으로 1등을 한 적도 있어요. 절구통 위에 궤짝을 올려놓고 웅변 연습을 하던 모습이 눈에 선해요. 대회의 평은 침착한 어조와 내용 덕분이란 것이었지요. 형님은 수학도 잘했지요. 특히 기하학을 좋아했어요."

어머니 김용이 바느질에 뛰어나서인지 소년 윤동주 역시 바느질을 아주 잘했다고 합니다. 자기 스타일에 맞춰 직접 옷까지 근사하게 고쳐서 입는 멋쟁이였지요. 요즘이야 남자가 바느질하는 모습이 이상하지 않지만 옛날에는 그런 일은 여자들이 하는 거라 여기는 게 일반적인 사람들의 생각이었습니다. 그런 선입견 없이 바느질을 즐겨 한 소년 윤동주와 그런 아들을 야단치지 않은 집안 분위기가 인상적입니다. 축구 선수였다는 말도 의외지요? 흔히 시인 윤동주 하면 내성적이고 소극적인 인상을 떠올리지만 그건 오해입니다. 윤동주는 그저 공부 잘하고 얌전하기만 한 소년이 아니었습니다. 지금도 그렇지만 남자 친구들 사이에선 운동 잘하는 아이가 인기가 좋습니다. 그게 혼자서는 할 수 없는 매우 적극적인 스포츠, 축구라면 말해 뭐하겠어요. 축구와 바느질, 이렇게 달라 보이는 두 가지를 아무 눈치도 보지 않고 뱃심 있게 해내는 강단이 멋지지요? 게다가 문학과는 거리가 멀어 보이는 수학이나 기하학 같은 공부까지 좋아했네요. 윤동주의 친구인 문익환 목사도 이런 말을 했습니다.

"동주는 재봉질을 참 잘했어요. 그래서 학교 축구부원들 유니폼에 넘버를 다는 것을 모두 동주가 집에 갖고 가서 제 손으로 직접 박아 왔었지."

친구들 유니폼에 직접 번호까지 일일이 달아 주는 성격이니 친구 사이도 참 좋았겠어요.

문학을 사랑하는 소년 윤동주는 은진중학교 1, 2학년 때 윤석중의

윤동주가 시를 쓰던 공책과 자필 시집 『하늘과 바람과 별과 시』. '나의 습작기의 시 아닌 시'라는 제목이 붙은 맨 왼쪽은 1934년 12월부터 1937년 3월까지 중학 시절의 작품이, 가운데 '창'이라 쓴 공책에는 1936년부터 1939년 9월까지 연희전문학교에 다닐 때의 시가 있습니다.

동요, 동시에 깊이 빠져 있었다고 합니다. 1935년 윤동주가 열아홉 살이 되던 해, 당시 윤동주와 함께 은진중학교 3학년이던 송몽규가 동아일보 신춘문예(매년 봄마다 신문사에서 아마추어 작가들을 대상으로 벌이는 문예 경연 대회) 콩트 부문에 「숟가락」이란 작품으로 당선됩니다. 어른들도 어려운 등단을 중학생이 해낸 것이지요. 송몽규의 등단이라는 놀라운 소식은 윤동주에게 자극이 되어 문학에 대한 마음을 다잡게 합니다. 송몽규의 당선 소식이 알려진 뒤부터 윤동주는 자신의 작품에 지은 날짜를 기록하고 보관하기 시작합니다. 〈삶과 죽음〉, 〈초 한 대〉, 〈내일은 없다〉가 그 출발로 오늘날 찾을 수 있는 최초의 작품인 이 시들에는 모두 1934년 12월 24일 날짜가 적혀 있습니다.

그러나 1935년 4월, 송몽규는 학업을 중단하고 항일 독립운동에

자신의 모든 것을 걸기로 합니다. 그리고 중국의 낙양군관학교(항일 무장 투쟁에 앞장섰던 많은 독립군 지도자를 길러 낸 중국 국민당 정부의 군사 교육기관) 한인반 2기생으로 입학하기 위해 중국으로 떠납니다. 열아홉 살의 송몽규는 김구 선생 같은 혁명가를 꿈꾸었습니다. 하지만 1936년 4월 중국 지난에서 일본 경찰에게 체포되어 5개월간 고초를 겪습니다. 그 뒤 북간도로 돌아와 은진중학교에 편입하고자 했으나 학교에서 받아 주지 않자, 대성중학교에 들어갔습니다.

그때의 중국행이 훗날 스물아홉 살의 송몽규 자신과 윤동주를 죽음으로 옭아맬 줄은 몰랐겠지요. 그 뒤로 송몽규는 끊임없이 일본 경찰의 감시를 받았고, 결국 윤동주와 나란히 체포되어 옥사(감옥에서 죽음을 맞음)하게 됩니다.

송몽규가 중국으로 떠날 무렵, 윤동주의 친구 문익환도 은진중학교를 떠나 평양에 있는 숭실학교 4학년에 편입합니다. 평양 숭실학교는 기독교 명문 학교로 수많은 민족 지사를 배출한 곳입니다. 친구들이 떠나가자 윤동주도 은진중학교를 떠나기로 결심합니다. 그리고 4학년 1학기를 마치고 사랑하는 가족을 떠나 평양의 숭실학교로 전학을 갑니다. 하지만 편입 시험에 실패를 해서 4학년이 아닌 3학년에 다니게 됩니다. 우수한 학생이었던 그가 느낀 실패의 고통은 크고 깊었을 것입니다. 그의 〈서시〉에도 나오는 시어 '부끄럼' 때문에 힘겨웠겠지요. '부끄럼'은 정직하게 자신의 고통과 실패를 괴로워하는 사람만이

숭실학교 시절. 맨 오른쪽이 윤동주, 가운데 서 있는 이가 문익환입니다.

마주할 수 있습니다. 그렇게 절절히 느낀 부끄럼은 윤동주의 시에 있어 가장 중요한 시어 중의 하나입니다. 이 책에 실린 다른 시들에서도 부끄럼이라는 말을 많이 찾을 수 있을 거예요. 윤동주는 그렇게 끊임없이 자신의 마음 깊은 곳을 되돌아보고 흠 없이 깨끗한 삶을 소망했습니다.

윤동주는 숭실학교 시절 많은 시집을 읽었습니다. 특히 정지용의 시집과 백석의 시집을 감명 깊게 읽습니다. 윤동주의 유품 가운데 하나인 『정지용 시집』에는 곳곳에 붉은 줄이 그어져 있고, 때로 감상과 평도 적혀 있어 이 시집을 얼마나 꼼꼼히 읽었는지 알 수 있습니다. 정지용은 쉽고 아름다운 우리말로 뛰어난 시를 쓴 시인으로, 〈향수〉〈유리창〉〈압천〉 같은 시들이 유명합니다. 윤동주가 평생을 두고 가장 좋아한 시인이기도 하지요. 윤동주는 대학생이 되어 정지용 시인을 만나러 가기도 합니다.

　윤동주의 빼어난 동시들은 대부분 숭실학교 시절에 쓴 것입니다. 정지용의 영향을 받아서인지 윤동주는 어렵고 관념적인 문학 언어를 버리고 담담하고 깨끗한 우리말로 동시를 써 내려갑니다. 〈조개껍질〉은 현재 남아 있는 윤동주 최초의 동시입니다. 소리 내어 읽어 보면 입에 착착 달라붙는 느낌이 들지요?

조개껍질
―바닷물 소리 듣고 싶어

아롱아롱 조개껍데기
울 언니 바닷가에서
주워 온 조개껍데기

여긴 여긴 북쪽 나라요
조개는 귀여운 선물
장난감 조개껍데기.

데굴데굴 굴리며 놀다,

짝 잃은 조개껍데기
한 짝을 그리워하네

아롱아롱 조개껍데기
나처럼 그리워하네
물소리 바닷물소리.

(1935년 12월)

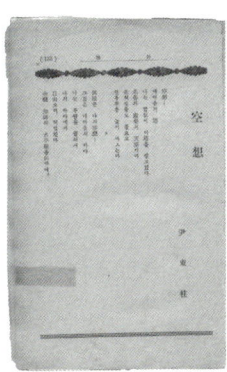

숭실학교 문예지인 『숭실활천』(왼쪽)과
거기에 실린 윤동주의 시 〈공상〉.

　　백석은 평안북도 정주 출신으로 고향의 풍경과 말맛을 아주 잘 살려 낸 시인입니다. 대표작으로는 〈나와 나타샤와 당나귀〉〈여승〉 등이 있지요. 당시 백석의 시집 『사슴』은 100부만 출간되어 구하기가 어려웠는데, 윤동주는 학교 도서관에서 시집을 읽고 일일이 베껴 써 간직할 정도로 백석의 시를 좋아했습니다. 그에게 숭실학교 생활은 다양한 시인들의 시를 만나고 느끼며 문학청년에서 시인으로 나아가는 새로운 발판이 됩니다. 윤동주는 숭실학교의 문예지 『숭실활천』의 편집장도 맡았습니다. 『숭실활천』에 실린 윤동주의 시 〈공상〉은 그의 시 중에서 최초로 활자화된 시입니다. 윤동주는 숭실학교에서 불과 일곱 달 동안 시를 열 편, 동시를 다섯 편이나 썼습니다.
　　그러나 이런 숭실학교 시절도 7개월 만에 막을 내리고 맙니다. 무슨 일이 있었던 걸까요? 일제는 강제로 신사참배를 강요하며 '따르지 않을 경우 폐교하겠다'고 협박합니다. 숭실학교 입장에서는 종교적으로나 민족적으로도 신사참배는 결코 해서는 안 되는 것이었습니다. 신사에 있는 위패(죽은 사람의 이름을 적은 나무패)는 우리나라에 전쟁을 일으킨 범죄자들의 것이기 때문이지요. 그래서 숭실학교의 윤산온 교장은 "신사참배를 거부할 뿐만 아니라, 교장직 사면도 불사하며 이에 불응한다."는 답서를 1936년 1월 평남 도지사에게 제출합니다. 그 결과 도지사는 숭실학교 교장 인가를 취소해 버립니다. 새 학기가 시작되고 이 사실을 안 학생들은 일제의 횡포에 대한 저항과 신사참배 결사반대 등을 이유로 동맹 퇴학을 결의합니다. 문익환과 윤동주도 그때 학교를 자퇴했습니다. 결국 1937년, 숭실학교는 신사참배 거부를 이유로 폐교당합니다. 숭실학교 시절 마지막에 윤동주가 쓴 시를 보면 그때의 답답한 마음이 드러납니다.

종달새

종달새는 이른 봄날
질디진 거리의 뒷골목이
싫더라.
명랑한 봄 하늘,
가벼운 두 나래를 펴서
요염한 봄노래가

좋더라.
그러나,
오늘도 구멍 뚫린 구두를 끌고,
훌렁훌렁 뒷거리 길로,
고기 새끼 같은 나는 헤매나니,
나래와 노래가 없음인가,
가슴이 답답하구나.

(1936년 3월)

일본 신사 앞, 조선 학생들이 일본군 뒤에서 집단으로 참배하는 모습. 신사는 일본의 고유 민족신앙인 신도의 사원으로, 일제는 이곳을 강제로 참배하게 함으로써 일본의 왕인 천황을 신격화하고 우리 문화를 말살하며 정신까지 지배하려 했습니다. 신사참배 거부 운동의 중심이었던 종교 단체와 기독교 학교 등은 심한 탄압을 받았습니다.

    종달새는 답답하고 '질디진' 희망 없는 '거리의 뒷골목이 싫'다고 합니다. 일제의 탄압에 '나래와 노래가 없'어 숨이 막힌다고 말합니다. 신사참배를 거부하던 친구가 잡혀가 고문 끝에 죽어간 '뒷거리 길'을 헤매면서 '명랑한 봄 하늘'을 빼앗겨 가슴이 답답하다고 종달새는 웁니다.

말간 희망의 노래

학생들은 또다시 배울 터전을 빼앗긴 채 고향으로 돌아가야 했습니다. 윤동주는 문익환과 함께 용정으로 돌아와 1936년 4월 고향에 있는 광명중학교에 편입학합니다.

이런 암울한 상황 속에서도 윤동주는 계속 시를 써 나갔습니다. 늘 새벽 2~3시까지 책을 읽곤 했어요. 용정은 추운 곳이라서 교복에 안감을 따로 대어 입는데, 윤동주는 안감 댈 돈으로 책을 사서 아버지께 혼이 나기도 했습니다. 당시 윤동주의 큰 목표 두 가지는 문학 수업과 상급 학교 진학이었습니다. 그해 11월, 윤동주의 동시 〈고향집〉과 〈병아리〉가 월간지 『카톨릭 소년』에 실리게 되었습니다. 또 이듬해인 1937년 1월에도 〈기왓장 내외〉와 〈오

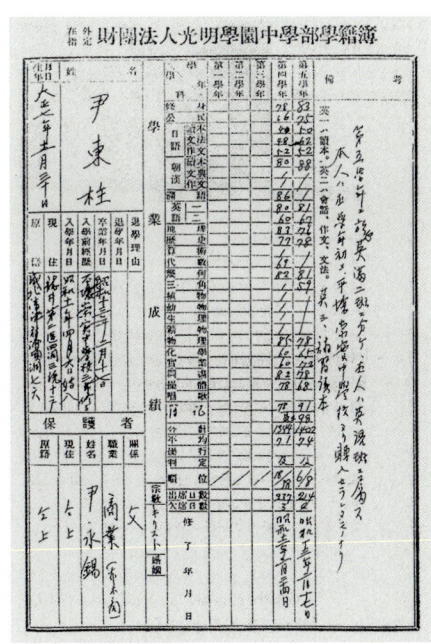

광명중학교 시절 윤동주의 생활 기록부. 여러 과목 중에 일본어 성적이 가장 낮았던 것을 알 수 있습니다.

줌싸개 지도〉가 소개되면서, 그 뒤로 윤동주의 동시는 거의 다달이 『카톨릭 소년』에 실립니다.

> 겨울
>
> 처마 밑에
> 시래기 다람이
> 바삭바삭
> 춥소.
>
> 길바닥에
> 말똥 동그라미
> 달랑달랑
> 어오.
>
> (1936년 겨울)

이 시는 겨울 풍경을 그리고 있네요. 시래기는 열무의 줄기 부분인 무청을 말린 나물입니다. 다람은 '두름(고사리 따위의 산나물을 열 줌 정도 모아 둥글게 엮은 것)'이고요. 겨울바람에 처마 밑 시래기 한 두름이 바삭바삭 얼며 말라가고 있어요. 서걱서걱, '으우, 추워라.' 하면서요. 그리고 집 앞 길에는 말이 지나가면서 싸 놓은 똥들이 얼어서 동글동글 굳어 있군요. 얼마

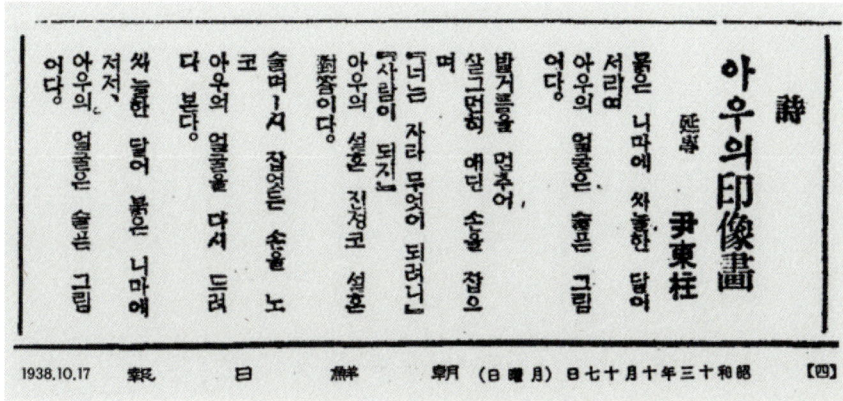

1938년 조선일보에 실린 〈아우의 인상화〉. 윤동주 시인의 시는 1936년부터 『카톨릭 소년』 등의 잡지에 실리게 됩니다.

나 추운 날씨면 말똥이 다 얼어 있겠어요. 그러고 보니 이 시 속의 풍경들은 모두 곡선입니다. 시래기도, 말똥도, 처마도……. 아, 먼 산도 그렇지요. 차갑고 무서운 시련 속에서도 희망을 잃지 않고 살아가는 우리 민족의 숨결을 닮아서 그런 것은 아닐까요?

무얼 먹구 사나

바닷가 사람
물고기 잡아먹구 살구
산골엣 사람
감자 구워 먹구 살구
별나라 사람

무얼 먹구 사나.

(1936년 10월)

누구나 먹고 사는 일이 중요합니다. 먹지 않으면 죽습니다. 그러나 아무리 많이 먹는 사람도 혼자서 하루에 백 그릇, 천 그릇을 먹을 순 없지요. 그런데 왜 더 많이 먹기 위해 남의 몫도 악착같이 빼앗으며 살까요? 아무리 맛있는 음식도 혼자서 먹으면 맛이 없을 텐데, 그렇게 욕심내면 행복할까요? 남의 것 욕심내지 않고 제 몫만큼 물고기 먹고, 감자를 먹는 소박한 마음이 더 행복하지 않을까요? 이처럼 재미난 윤동주 시인의 동시는 군더더기 하나 없이 깔끔합니다.

굴뚝

산골짜기 오막살이 낮은 굴뚝엔
몽긔몽긔 웬 내굴 대낮에 솟나.

감자를 굽는 게지, 총각 애들이
깜박깜박 검은 눈이 모여 앉아서,
입술이 꺼멓게 숯을 바르고,
옛 이야기 한 커리에 감자 하나씩.

산골짜기 오막살이 낮은 굴뚝엔
살랑살랑 솟아나네 감자 굽는 내.

(1936년 가을)

　　감자를 캐 본 적 있나요? 세상에서 제일 재미있는 일 중 하나가 바로 감자를 캐는 일이랍니다. 호미로 살살 땅을 둥글게 파면 보물처럼 주렁주렁 감자들이 나오거든요. 친구들끼리 모여서 감자를 구워 먹고 있습니다. 요즘처럼 간식이 흔한 때가 아닙니다. 끼니를 때우는 일도 어려운 가난한 시절입니다. 그런데 운이 좋게도 맛있는 감자가 생긴 것이지요. 그냥 먹기는 시시하니까 이왕이면 익을 때까지 웃긴 얘기도 하고, 노래도 부르며 놉니다. 불을 가운데 두고 모여 앉아 놀다 보니 어

할아버지 윤하현(가운데)의 회갑 잔치에 모인 윤씨 가문 사람들의 사진.
맨 뒤 오른쪽에서 여섯 번째가 윤동주 시인으로 광명중학교에 다닐 때입니다.

느새 감자가 익었습니다. 소박한 감자 잔치가 벌어집니다. '앗 뜨거라!' 손을 호호 불며 다들 맛나게 포근포근 구운 감자를 먹습니다. 아, 맛있겠다!

　지금 우리가 만나고 있는 이 시들이 바로 윤동주가 어둠 속에서 세상에 내놓은 말간 희망의 노래입니다. 사람이 만든 불빛들은 풍파가 닥치면 빛을 잃고 어둠 속에 꺼지고 말지요. 그러나 별빛은 어둠이 깊어 갈수록 그 빛을 잃지 않고 밤하늘을 밝혀 줍니다.

3. 시인의 꿈을 찾아

새로운 길

청년 윤동주는 당대 시인들의 시를 열심히 읽고 스크랩하면서 시인의 꿈을 키우고, 자신의 미래와 진로에 대해 진지하게 고민합니다. 윤동주도 어느덧 스무 살이 넘었습니다. 그 당시로는 적지 않은 나이라 이미 결혼을 한 친구도 있으니 마음이 무거울 수밖에요. 그러다가 상급 학교에 진학하기로 결정합니다. 아버지는 장남인 윤동주가 어려운 집안 형편에 도움이 되도록 의학을 전공하기를 바랐습니다. 그러나 윤동주의 꿈은 이미 문학에 뿌리내린 지 오래였지요. 윤동주는 할아버지를 설득하여 결국 문학 공부를 허락받습니다.

1938년 광명중학교를 졸업한 윤동주는 4월 9일 서울 연희전문학교(지금의 연세대학교) 문과에 입학합니다. 대성중학교를 졸업한 송몽규도 함께 연희전문학교 학생이 됩니다. 윤동주는 대학 1학년 여름방학 때 용정으로 돌아와 해란강가를 거닐며 후배 장덕순에게 이렇게 말합니다.

"문학은 민족 사상의 기초 위에 서야 하는데, 연희전문학교는 전통과 교수, 학교 분위기가 민족적인 정서를 살리기에 제일 알맞은 배움터야. 만주 땅에서는 볼 수 없는 무궁화가 만발해 있고, 우리 국기의

연희전문학교 시절, 교정에서 교수님, 친구들과 찍은 사진.
서 있는 사람 중 왼쪽에서 두 번째가 윤동주 시인입니다.

윤동주가 생활하던 연희전문학교의 기숙사 핀슨홀.

상징인 태극 마크가 도처에 새겨져 있어. 일본말 안 쓰고 우리말로 강의하는 '조선 문학'도 있어."

　소학교, 중학교에서도 일본어만 사용해야 하는 숨 막히는 시대에 윤동주와 친구들에게 기독교 학교인 연희전문학교는 일제의 탄압에서 비교적 자유로울 수 있는 새로운 공간이었습니다. 짧은 윤동주의 인생을 돌아보아도 그나마 가장 평화롭고 자유로웠던 때가 대학을 다니던 4년이 아니었나 생각됩니다. 윤동주가 대학에 입학하고 처음 쓴 시를 보면, 대학 생활에 대한 마음가짐이 어땠는지 살짝 엿볼 수 있습니다. 스물두 살, 대학에 입학한 청년 윤동주에게 걸음걸음 새로운 길이 펼쳐지기 시작합니다.

새로운 길

내를 건너서 숲으로
고개를 넘어서 마을로

어제도 가고 오늘도 갈
나의 길 새로운 길

민들레가 피고 까치가 날고
아가씨가 지나고 바람이 일고

나의 길은 언제나 새로운 길
오늘도…… 내일도……

내를 건너서 숲으로
고개를 넘어서 마을로

(1938년 5월 10일)

    봄입니다. 봄바람이 산들산들 불어오고 무거운 겨울옷을 벗어 버릴 때가 되었어요. 꽃들도 여기저기서 피어나지요. 새로운 학년이 시작되었습니다. 새로운 친구들도 만나게 되었네요. 몸도 마음도 성숙해

조선어학회를 창립하고 '한글맞춤법통일안' 제정에 참여한 외솔 최현배 선생과 그의 글. 민족의 문화를 말살하려던 일제는 특히 우리의 정서와 얼이 담긴 말과 글을 쓰지 못하게 심한 탄압을 했습니다. 이에 맞서 주시경, 최현배, 장지영 등 한글 학자와 조선어학회는 민족 교육 운동을 펼치고, 우리말과 글을 지키기 위한 한글 연구와 보급 운동에 앞장섰습니다.

진 것 같지 않나요? 나의 길은 언제나 새로운 길이랍니다. 고개를 들어 앞을 바라보세요. 저 길 끝에는 또 어떤 세상이 펼쳐져 있을까요? 시냇물을 건너서, 숲길을 따라 노래 부르며, 우리 봄 소풍 가지 않을래요? 민들레가 피고 까치가 나는데 우리도 봄바람처럼 즐거운 마음으로 봄맞이를 해야지요!

윤동주는 1학년 때 특히 최현배 선생의 조선어 수업을 아주 열심히 들었습니다. 훗날 조선어학회사건(일제가 한글 연구를 한 학자들을 민족 해방 운동을 한다는 죄목으로 탄압, 투옥한 사건)으로 감옥에 갇히게 되는 최현배 선생은 철저한 원칙주의자로 학점을 짜게 주기로 유명했는데, 윤동주는 그 수업에서 100점을 받았습니다. 최고의 한글 학자에게 배운 그 수업은 윤동주가 시에서 우리말을 쉽고 바르게 쓸 수 있도록 영향을 끼쳤을 것입니다.

윤동주와 송몽규, 강처중은 기숙사 꼭대기 다락방 같은 3층을 같이 썼습니다. 나중에 경향신문 기자가 된 강처중은 윤동주가 일본으로 건너가며 자신에게 맡기고 간 물건들과 육필(손으로 직접 쓴 글씨) 원고를 고이 간직했다가 윤동주의 동생 윤일주에게 줍니다. 그리고 유고 시집 출간을 앞두고 신문에 윤동주의 시를 연재해 세상에 알리는 일을 하게 되지요.

입학한 해에 윤동주는 〈새로운 길〉을 비롯해 여덟 편의 시와 〈산울림〉 등 다섯 편의 동시, 「달을 쏘다」라는 산문을 씁니다.

산울림

까치가 울어서
산울림,
아무도 못 들은
산울림,

까치가 들었다,
산울림,
저 혼자 들었다,
산울림,

(1938년 5월)

산울림은 메아리를 가리키는 말입니다. 여러분도 산에 올라가 '야호' 하고 외쳐 본 적이 있지요? 그러면 신기하게도 맞은편 산에 부딪쳐 그 소리가 되돌아옵니다. 그런데 사람만 외치는 게 아닌가 봅니다. 까치도 혼자 놀기 심심한지 먼 산에 대고 말을 했네요. 그런데 사람들은 정작 듣지 못했대요. 왜냐하면 까치가 한 말이니까요. 그래도 산울림은 산울림이지요. 분명히 까치는 큰 소리로 외쳤으니까요! 이제부터 우리라도 새들의 소리를 들어 주자고요. 혼자 놀면 외롭고 심심하잖아요. 그리고 우리 곁에 까치처럼 혼자 노는 친구가 있다면 같이 놀자고 다정하게 메아리가 되어 주기로 해요.

암울한 시대 탓이었을까요. 윤동주는 연희전문학교에 와서도 계속 쓰던 동시를 1938년 이후에는 더 이상 쓰지 않습니다. 일제는 학교에서 조선어 사용을 금지시키고 일본어 사용을 강요했습니다. 1939년에는 친일 문학 단체인 '조선문인협회(문학을 선전 도구로 삼아 일제의 정책에 동조했던 친일, 반민족적 문학 단체)'가 결성되었습니다.

연희전문학교 시절 윤동주는 방학마다 고향 집으로 갔습니다. 거의 매일같이 산길이나 들길을 걸었습니다. 혼자 걸을 때가 많았지만, 자상한 형답게 어린 동생을 찾아서 일부러 데리고 나갈 때도 있었습니다. 윤동주는 거의 한복 차림이었는데, 산책길엔 삼베나 무명 한복을 입고 손에는 늘 책을 들고 있습니다. 고 문익환 목사는 이렇게 말했습니다.

"동주는 대단한 독서가였다. 방학 때마다 사 가지고 와서 벽장 속에 쌓아 둔 그의 장서를 나는 못내 부러워했다. 그의 장서 중에는 문학에 관한 책도 있었지만 많은 철학 서적이 있었다고 기억된다. 한번은 키에르케고르에 대한 이야기를 하는데 그의 키에르케고르에 대한 이해가 신학생인 나보다 훨씬 깊은 데 놀라지 않을 수 없었다. 그렇게 쉬지 않고 공부하고 넓게 읽는 그의 시가 어쩌면 그렇게 쉬웠느냐는 것을 그때 나는 미처 몰랐었다."

자상한 윤동주는 어린 동생들과도 잘 놀아 주었습니다. 구슬치기, 공차기도 하고 방학 숙제도 같이 해 주었습니다. 그리고 동생들에게 태극기며, 애국가, 삼일운동 등의 이야기도 들려주고 별자리를 손가락으로 가리키며 가르쳐 주기도 했습니다. 어른들이 일 하는 걸 그냥 보고 넘기지 못해 할아버지를 대신해 소먹이를 만들거나 산으로 소를 먹이러 가기도 했습니다. 할머니와 어머니가 두부를 만들려고 콩을 맷돌로 갈 때면 같이 도왔습니다. 뿐만 아니라 학교로 돌아가서는 동생들에게 『소년』 같은 잡지를 틈틈이 부쳐 주고, 책을 보낼 때는 평을 달아 주기도 했습니다. 여동생 혜원이가 편지에서 맞춤법이 틀리면 일일이 고쳐서 답장과 함께 다시 보내 주었습니다. 윤동주가 보낸 잡지는 고향 아이들이 돌려 가며 즐겁게 읽었습니다.

그러나 이렇게 다정다감한 윤동주도 일본에 대한 적개심은 매우 강해서 일본 의상을 입은 조선 사람을 보면 외면했고, 친구들이 일본말로 이야기해도 애써 우리말로 대하곤 했습니다.

아우의 인상화

붉은 이마에 싸늘한 달이 서리어
아우의 얼굴은 슬픈 그림이다.

발걸음을 멈추어
살그머니 애딘 손을 잡으며
"너는 자라 무엇이 되려니"

"사람이 되지"
아우의 설운 진정코 설운 대답이다.

슬며-시 잡았던 손을 놓고
아우의 얼굴을 다시 들여다본다.

싸늘한 달이 붉은 이마에 젖어,
아우의 얼굴은 슬픈 그림이다.

(1938년 9월 15일)

방학을 맞아 고향에 돌아온 형은 어린 남동생 손을 잡고 날마다 산책을 합니다. 그러다가 동생에게 묻지요. "너 커서 뭐가 될래?" 그러자

천진한 얼굴로 동생은 "뭐가 되긴 뭐가 돼? 사람이 되지!" 하고 장난스럽게 말합니다. 형은 왜 그런 질문을 했을까요? 윤동주 시인이 살던 때는 암울한 식민지 시대입니다. 수많은 문인들이 하루아침에 변절자가 되어 일제에 빌붙고, 학생들도 이런 조국의 현실을 외면하며 회피하는 모습을 보이는 것이 윤동주는 안타까웠습니다. 자기의 이익을 위해 양심을 속이거나, 올바른 일인 줄 알면서도 두려워서 비겁하게 침묵하는 것은 사람다운 일이 아니라고 생각했습니다. 그래서 나라를 빼앗긴 불우한 지식인인 형은 동생의 대답에 깜짝 놀랍니다. 진정한 '사람이 된다는 것'은 일제에 대한 저항이란 걸 알고 있었기 때문입니다.

귀뚜라미와 나와

귀뚜라미와 나와
잔디밭에서 이야기했다.

귀뚤귀뚤
귀뚤귀뚤

아무에게도 알려주지 말고
우리 둘만 알자고 약속했다.

귀뚤귀뚤
귀뚤귀뚤

귀뚜라미와 나와
달 밝은 밤에 이야기했다.
(1938년 무렵 추정)

귀뚜라미가 언제 우는지 아세요? 초가을 저녁에 웁니다. 그것도 주로 매미가 귀가 찢어질 듯 한바탕 울고 지나간 다음에 아주 작고 처량한 소리로 울지요. 시 제목이 〈귀뚜라미와 나와〉입니다. 그런데 왜 '귀뚜라미와 나'라고 안 하고 '나와'라고 했을까요? '와'라는 조사를 넣으니 울림이 달라집니다. 여운이 느껴지고 앞의 단어와 함께 모음이 주는 부드러움이 커지는 것이지요. 그래서 시가 한결 여유로워지고 잔잔한 느낌이 살아난답니다. 시를 언어의 보석, 혹은 꽃이라고 부르는 게 바로 이런 까닭이랍니다. 그러니까 글자 한 자라도 함부로 소홀하게 다루면 안 되겠지요?

소년

여기저기서 단풍잎 같은 슬픈 가을이 뚝뚝 떨어진다. 단풍잎 떨어져 나온 자리마다 봄을 마련해놓고 나뭇가지 위에 하늘이 펼쳐 있다. 가만히

하늘을 들여다보려면 눈썹에 파란 물감이 든다. 두 손으로 따뜻한 볼을 씻어 보면 손바닥에도 파란 물감이 묻어난다. 다시 손바닥을 들여다본다. 손금에는 맑은 강물이 흐르고, 맑은 강물이 흐르고, 강물 속에는 사랑처럼 슬픈 얼굴 - 아름다운 순이의 얼굴이 어린다. 소년은 황홀히 눈을 감아본다. 그래도 맑은 강물은 흘러 사랑처럼 슬픈 얼굴 - 아름다운 순이의 얼굴은 어린다.

(1939년)

　　미술 시간에 수채화 물감으로 그림을 그려 본 적이 있을 것입니다. 이 시를 보니 붓에 물을 듬뿍 묻혀 투명한 느낌이 나도록 그린 풍경화가 떠오르지 않나요? 눈이 시리게 맑고 깨끗한 가을 하늘이 여러분 앞에 펼쳐지지 않나요? 이 시의 제목은 〈소년〉입니다. 소년이 '단풍잎이 떨어져 나온 자리를 들여다보면 파란 가을 하늘이 보이고 또 더 들여다보면 눈썹에도 손바닥에도 파란 물감에 묻어난다'고 노래합니다. 그리고 소년의 시선이 닿은 손바닥 '손금에는 맑은 강물이 흐르고, 강물 속에는 사랑처럼 슬픈 얼굴-아름다운 순이의 얼굴이 어'립니다. 소년은 가슴이 벅차고 부풀어 올라서 눈을 감을 수밖에 없겠지요. 이 시를 읽다 보면 '시인' 윤동주가 아니라 '화가' 윤동주의 그림을 만나는 느낌입니다. 가을 하늘처럼 푸르고 시린 시인의 마음이 한 장의 그림처럼 다가옵니다. 오염되지 않은 깨끗한 언어가 주는 아름다움이 잘 나타난 시입니다.

슬퍼하는 자는 복이 있나니

　2학년이 된 윤동주는 기숙사를 나와서 북아현동에서 하숙을 합니다. 그리고 북아현동에 살던 오랫동안 존경해 온 시인 정지용을 찾아갑니다. 정지용 시인의 집은 수많은 문학청년들의 방문으로 늘 대문이 열려 있었다고 합니다. 그러나 정지용 시인은 윤동주가 자신을 찾아왔던 것을 알지 못합니다. 안타깝게도 정지용 시인이 '윤동주'라는 시인의 이름을 정확히 알게 된 건 그의 유고 시집 머리말을 쓸 때였습니다.

　윤동주가 하숙을 하던 집에는 커다란 우물이 있었습니다. 그 우물과 어릴 적 고향의 우물이 소재가 되어 윤동주의 대표 시 가운데 하나인 〈자화상〉이 탄생합니다.

자화상

　산모퉁이를 돌아 논가 외딴 우물을 홀로 찾아가선 가만히 들여다봅니다.

　우물 속에는 달이 밝고 구름이 흐르고 하늘이 펼치고 파아란 바람이 불고 가을이 있습니다.

그리고 한 사나이가 있습니다.
어쩐지 그 사나이가 미워져 돌아갑니다.

돌아가다 생각하니 그 사나이가 가엾어집니다. 도로 가 들여다보니 사나이는 그대로 있습니다.

다시 그 사나이가 미워져 돌아갑니다.
돌아가다 생각하니 그 사나이가 그리워집니다.

우물 속에는 달이 밝고 구름이 흐르고 하늘이 펼치고 파아란 바람이 불고 가을이 있고 추억처럼 사나이가 있습니다.

(1939년 9월)

    여러분은 자기 자신에 대해 어떻게 생각하나요? 마음에 드나요? 아니면 못마땅한가요? 어떤 날은 마음에 들고 또 어떤 날은 안 들고 그렇지요? 사람들은 저마다 남에게 보여 주기 싫은 못난 곳이 있습니다. 그걸 열등감이라고 하지요. 그 못난 곳은 외모나 성격, 혹은 다른 속사정일 수도 있습니다. 자화상은 자신의 얼굴을 스스로 그린 그림입니다. 하지만 단순히 얼굴의 외형만 보고 그리는 게 아닙니다. 자신을 있는 그대로 인정하고 받아들이는 것, 자신의 못난 점을 진지하게 살펴보는 것, 그동안 미워했던 자신의 단점을 가엾게 여기는 것, 이것이 진

정한 자화상이랍니다. 자기 자신을 내면까지 들여다보고 정직하고 솔직하게 그리려면 용기가 필요합니다. 자아 성찰은 그렇게 자기 마음을 깊고 조용하게 들여다보는 일입니다. 우리는 가끔씩 자기 마음을 잘 들여다보지 못해서 실수도 하고 후회도 합니다. 이 시에서 사나이는 우물을 통해 들여다보기를 세 번이나 거듭합니다. 미워져서 돌아갔다가, 다시 가엾어져서 우물로 가고, 또 다시 미워져서 돌아갑니다. 이 시는 식민지 시대를 살아가는 지식인 청년 윤동주의 성찰과 반성이 잘 드러나 있습니다.

시대는 갈수록 암울해지고 나라 밖에서는 독일이 폴란드를 침공하여 제2차 세계대전이 발발합니다. 나라 안팎이 모두 전쟁과 살육의 피비린내로 진동하는 절망과 공포의 지옥이 된 것입니다. 일제는 1939년 11월 10일, '조선인의 씨명에 관한 건 - 창씨개명령'이라는 악법을 공포합니다. 이름을 일본식으로 고치라는 것이지요. 유명인들의 친일 행위도 잇따랐습니다. 이광수, 윤덕영, 최린 등 1천여 명은 이토 히로부미를 비롯해 일본의 조선 침략에 앞장섰던 인물들에게 감사위령제까지 올렸습니다.

윤동주는 1939년 9월 이후 긴 절필(글을 쓰지 않음)의 시간을 갖습니다. 이것은 참혹한 시대 상황에 대한 절망을 나타냅니다. 일제의 폭압과 만행은 극에 달합니다. 한 줄기 희망조차 허락되지 않는 상황이었지요. 창씨개명을 공포한 지 7개월 만에 조선 사람의 79.3%가 일본식으

창씨개명 공고문(왼쪽)과 창씨개명을 하려고 관청에서 줄을 서서 기다리는 사람들. 일제는 다양한 수단을 동원해 창씨개명을 장려했습니다. 그리고 이름을 바꾸지 않은 조선인에게는 편지 발송, 소송, 학교 입학, 식량 배급 등 생활 전반에서 불이익을 주었습니다.

로 이름을 바꾸고, 한글 신문인 동아일보와 조선일보가 1940년 8월 강제 폐간당합니다. 그 치욕의 시간 동안 윤동주는 평생 자신을 지탱하던 신앙마저 의심할 정도로 깊은 절망에 빠지고 맙니다.

그러나 그해 윤동주는, 그의 생애에 아주 중요한 벗인 정병욱을 만납니다. 정병욱은 윤동주로부터 필사본(손으로 써서 만든 책) 시집 『하늘과 바람과 별과 시』 세 권 중 한 권을 받아 고향 집에 잘 보관했다가 해방 후 유족에게 전해서 윤동주의 시를 세상에 알릴 수 있게 합니다. 뿐만 아니라 서울대학교 국문과 교수를 지내는 동안 윤동주의 시가 중학교와 고등학교 교과서에 실리도록 적극적으로 노력하는 등, 윤동주 시인의 시가 잊히지 않도록 정성을 다합니다. 정병욱은 훗날 윤동주를 회상하며 이렇게 말합니다.

"내가 윤동주를 만난 것은 연희전문학교 기숙사에서였다. 그는 나보다 다섯 살이나 위였는데 동생처럼 귀여워해 주었다. 나도 그를 형처럼 따랐다. 그는 달이 밝으면 곧잘 내 방문을 두드리고 침대 위에 웅

크리고 있는 나를 이끌어 내었다. 연희 숲을 누비고 서강 들판을 꿰뚫는 두어 시간 산책을 즐기고야 돌아오곤 했다. 그 두어 시간 산책 동안 그는 입을 여는 일이 별로 없었다. 가끔 입을 열면 고작 '정형, 아까 읽던 책 재미있어요?' 하는 정도의 질문이었다."

연희전문학교 시절 아끼던 후배 정병욱(오른쪽)과 찍은 사진. 정병욱은 윤동주 시인의 육필 시집 『하늘과 바람과 별과 시』를 받아 고향 집에 보관했다가 유족에게 전해 그의 시가 세상에 알려지는 데 큰 역할을 합니다.

민족의 슬픔이 그의 슬픔이 되어 오랫동안 시를 쓰지 못한 윤동주는 그렇게 1년 3개월이 지나고, 1940년 12월에야 다시 시를 씁니다. 절필 이후 처음으로 쓴 시를 볼까요?

팔복
―마태복음 5장 3~12

슬퍼하는 자는 복이 있나니
슬퍼하는 자는 복이 있나니
슬퍼하는 자는 복이 있나니
슬퍼하는 자는 복이 있나니

슬퍼하는 자는 복이 있나니
슬퍼하는 자는 복이 있나니
슬퍼하는 자는 복이 있나니
슬퍼하는 자는 복이 있나니

저희가 영원히 슬플 것이오.

(1940년 12월 추정)

제목을 보니 성서의 마태복음 중 일부를 빗대서 쓴 것 같습니다. '팔복'은 여덟 가지 행복에 관해 예수님이 산위에서 제자와 사람들에게 들려준 이야기입니다. 그렇다면 원래 마태복음의 팔복을 살펴볼까요?

　심령이 가난한 자는 복이 있나니
　천국이 그들의 것임이요
　애통하는 자는 복이 있나니
　그들이 위로를 받을 것임이요
　온유한 자는 복이 있나니
　그들이 땅을 기업으로 받을 것임이요
　의에 주리고 목마른 자는 복이 있나니
　그들이 배부를 것임이요

긍휼히 여기는 자는 복이 있나니

    그들이 긍휼히 여김을 받을 것임이요

    마음이 청결한 자는 복이 있나니

    그들이 하나님을 볼 것임이요

    화평하게 하는 자는 복이 있나니

    그들이 하나님의 아들이라 일컬음을 받을 것임이요

    의를 위하여 박해를 받은 자는 복이 있나니

    천국이 그들의 것임이라

    성서의 팔복과 윤동주의 팔복을 찬찬히 비교해 봅시다. 성서는 행복에 관해 말하는데, 시인은 슬픔에 관해 말하는 것 같지요? 이 땅에서 박해를 받고 고통을 받고 수난을 당해도 행복해 할 수 있는 희망조차 사라지고 시인은 영원히 슬프다고 이야기합니다. 시인 윤동주는 식민지 조국에는 어떤 행복도 없다고 생각합니다. 욕심이 없어서 마음이 가난한 사람은 바보라고 비웃음거리가 됩니다. 온순한 사람은 만만하게 보고 속이려 듭니다. 그들이 가진 땅은 이미 사기꾼과 거짓말쟁이들 손에 들어갔습니다. 정의로운 사람들은 바른말을 한 죄로 미움을 사서 감옥에 갇히거나 억울한 죽음을 당합니다. 그러니 슬프고, 슬프고 또 슬퍼해야 한다고, 그것이 빼앗긴 조국에서 살아가는 사람들의 운명이라 '영원히 슬플 것'이라고 말하고 있지요. 하지만 이 슬픔은 참담한 현실을 이겨 낼 굳센 의지를 불러오기 위한 험난한 과정이었습니다.

눈 감고 간다

태양을 사모하는 아이들아
별을 사랑하는 아이들아

밤이 어두웠는데
눈 감고 가거라.

가진 바 씨앗을
뿌리면서 가거라

발부리에 돌이 채이거든
감았던 눈을 와짝 떠라.

(1941년 5월 31일)

　밤이 어두웠는데 도리어 눈을 감고 가라고 합니다. 왜일까요? 이제 우리는 '밤'이라고 하는 단어에 시대적인 의미를 넣어 생각해 봅시다. 조국은 일제 식민지입니다. 즉 캄캄한 밤인 것이지요. 그런데 태양과 별, 즉 희망과 꿈을 꾸어야 하는 새 삶의 주인공들에게(씨를 뿌리는 사람들에게) 시인은 눈을 뜨지 말고 감으라고 합니다. 어둠에는 어둠으로 맞서라는 것입니다. 무슨 뜻이냐고요?

조선시대 실학자 연암 박지원의 글 중에 이런 이야기가 있어요. 한 맹인이 갑자기 눈을 뜨게 되자 지금까지 멀쩡히 잘 찾아다니던 집을 잃어버리고 엉엉 울더랍니다. 그러자 연암이 이야기하지요. "뭘 걱정하나, 이 사람아! 도로 눈을 감고 가면 될 것을!" 처음으로 돌아가 다시 시작하려고 한다면 무슨 일이든 못하겠습니까? 그러니 미리 겁먹고 도망치지 말라는 시인의 당부인 것입니다. 그렇게 우리는 손에 쥔 씨앗을 뿌리며 한 발 한 발 가면 되는 것을요. 그러다가 돌부리가 우리의 갈 길을 가로막으려고 한다면 그때는 '감았던 눈을 와짝' 뜨면 되는 것을요! 그러나 절대로 돌부리 앞에서는 눈을 감으면 안 된다는 것을 윤동주 시인은 이야기하고 있습니다. 그래서 마지막 행이 주제가 되는 것이지요. '눈을 와짝 뜨'기 위해 지금 어둠 속을 걸어가는 것이라고요.

십자가

쫓아오던 햇빛인데
지금 교회당 꼭대기
십자가에 걸리었습니다.

첨탑이 저렇게도 높은데
어떻게 올라갈 수 있을까요.

종소리도 들려오지 않는데
휘파람이나 불며 서성거리다가,

괴로웠던 사나이,
행복한 예수 그리스도에게
처럼
십자가가 허락된다면

모가지를 드리우고
꽃처럼 피어나는 피를
어두워가는 하늘 밑에
조용히 흘리겠습니다.
(1941년 5월 31일)

십자가는 원래 죄인을 사형 시키는 죽음의 도구였습니다. 그러나 예수가 모든 사람의 죄를 대신해 못 박혀 죽은 후, 십자가는 사랑과 구원의 약속이 되었습니다. 윤동주는 마침내 민족의 운명과 고통을 십자가처럼 지기로 결심합니다. 그리고 그 결의를 시로 씁니다. 이 시는 고통을 넘어선 목소리입니다. 자신의 죽음으로 인하여 새 희망이 열리리라는 마음으로 외롭게 죽어간 예수처럼 조국을 위해 기꺼이 순교하겠다고 말하는 것입니다.

첫 시집을 꿈꾸다

1941년 스물다섯 살이 된 윤동주는 정병욱과 함께 기숙사에서 나와 종로에서 하숙을 합니다. 그러다가 9월에 학교와 가까운 북아현동으로 하숙집을 옮깁니다.

그해 조선총독부는 조선어 교육을 전면 금지시키고 '조선 사상범 예비구금령(독립운동을 할 가능성이 있는 인사들을 언제든지 구금할 수 있게 한 법)'과 '국방보안법(외교, 재정, 경제에 관한 국가 기밀 보호를 목적으로 제정된 법)'을 공포하고, '학도정신대'라는 이름으로 학생들을 동원해 전쟁터에서 일하게 합니다. 뿐만 아니라 『문장』과 같은 문예지들도 강제 폐간시킵니다. 이 무렵 전 세계는 전쟁에 휩싸여 있었습니다. 일본은 이른바 '남진정책'이라며 인도차이나에 일본군을 주둔시키는 등 전쟁터를 계속 확대하더니 12월 8일 미국 하와이의 진주만을 기습해, '태평양전쟁'이라고 불린 미일전쟁을 일으킵니다.

중일전쟁에다 또 미일전쟁까지 시작한 일제는 한층 강화된 전시체제(모든 사회적 기구나 조직을 전쟁 수행에 맞춰 편성한 상태)를 꾸려야 했습니다. 그래서 대학에도 이에 발맞춰 졸업식을 앞당기라고 지시했습니다. 원래는 1942년 3월에 연희전문학교의 졸업식이 예정되어 있었는데, 1941년 12월 27일에 졸업식이 열렸습니다. 윤동주는 졸업 기념으로 자신의 시 열아홉 편을 묶은 자선 시집을 77부 한정판으로 출판하려고 하였습니다. 그러나 그의 담당 교수인 이양하 선생은 〈십자가〉나 〈슬픈 족속〉 같은 작품들이 일제의 검열에 통과할 수 없고, 이로 인해 윤동주가 일제의 표적이 될 수 있다며 말렸습니다. 윤동주는 상심이 컸습니다. 그러나 그는 포기하지 않았습니다. 그래서 자필로 세 권의 시집을 만들어서 이양하 선생과 정병욱, 그리고 자신이 나눠 가졌습니다. 처음에 윤동주는 시집의 제목을 『병원』으로 붙이려 했다고 합니다. 조국의 현실이 온통 병들어 있는 커다란 병원같이 보였으니까요. 그러나 친구들의 의견을 듣고 제목을 바꾸어, 『하늘과 바람과 별과 시』로 붙였습니다. 〈서시〉는 시집 첫머리에 서문처럼 실으려고 했던 시입니다. 〈서시〉 외에 윤동주 시인이 자기의 첫 시집에 실으려고 고른 시는 다음과 같습니다.

1. 자화상
2. 소년
3. 눈 오는 지도
4. 돌아와 보는 밤
5. 병원
6. 새로운 길
7. 간판 없는 거리
8. 태초의 아침
9. 또 태초의 아침
10. 새벽이 올 때까지
11. 무서운 시간
12. 십자가
13. 바람이 불어
14. 슬픈 족속
15. 눈 감고 간다
16. 또 다른 고향
17. 길
18. 별 헤는 밤

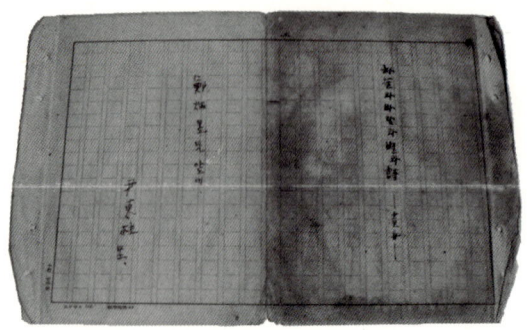

윤동주 시인의 육필 시집 『하늘과 바람과 별과 시』의 표지.

윤동주는 졸업 후 용정으로 돌아와서도 시집을 출판하려고 애썼습니다. 하지만 사정이 여의치 않아 뜻을 이루지 못했습니다. 『하늘과 바람과 별과 시』에 실린 시 두 편을 더 감상해 볼까요?

길

잃어버렸습니다.
무얼 어디다 잃었는지 몰라
두 손이 주머니를 더듬어
길에 나아갑니다.

돌과 돌과 돌이 끝없이 연달아
길은 돌담을 끼고 갑니다.

담은 쇠문을 굳게 닫아
길 위에 긴 그림자를 드리우고

길은 아침에서 저녁으로
저녁에서 아침으로 통했습니다.

돌담을 더듬어 눈물짓다
쳐다보면 하늘은 부끄럽게 푸릅니다.

풀 한 포기 없는 이 길을 걷는 것은
담 저쪽에 내가 남아 있는 까닭이고,

내가 사는 것은, 다만,
잃은 것을 찾는 까닭입니다.

(1941년 9월 30일)

시인은 〈길〉이라는 제목을 쓰고 대뜸 '잃어버렸습니다.'라고 말합니다. 무슨 뜻일까요? 맞아요, 이 길은 바로 인생길을 의미하는 것입니다. 시인은 지금 인생길, 우리가 살아온 시간의 길을 돌아보고 있습니다. 그 길은 개인이 걸어온 길일 수도 있고, 가족이 걸어온 길일 수도 있고, 한 민족이 걸어온 길일 수도 있습니다. 그런데 시인은 그 길을

'잃어버렸습니다.'라고 말합니다. 왜 그럴까요? 식민지에서 태어나 모든 것을 빼앗기고 살아가는 청년은 돌담을 더듬어 가며 눈물을 짓습니다. 그리고 살아 있다는 사실 하나로도 '부끄럽다'고, 잃은 것을 찾기 위해 살아가고 있다고 고백합니다. 이 시에는 윤동주가 처한 암울한 현실과 자기 고백이 잘 나타나 있습니다.

그리고 여기 눈물겹게 깨끗하고 아름다운 시 한 편을 세상에 내놓습니다. 가장 윤동주 시인다운 시라 할 수 있는, 윤동주 시인의 대표 시 가운데 하나입니다.

별 헤는 밤

계절이 지나가는 하늘에는
가을로 가득 차 있습니다.

나는 아무 걱정도 없이
가을 속의 별들을 다 헤일 듯합니다.

가슴속에 하나 둘 새겨지는 별을
이제 다 못 헤는 것은
쉬이 아침이 오는 까닭이요,
내일 밤이 남은 까닭이요,

아직 나의 청춘이 다하지 않은 까닭입니다.

별 하나에 추억과
별 하나에 사랑과
별 하나에 쓸쓸함과
별 하나에 동경과
별 하나에 시와
별 하나에 어머니, 어머니,

어머님, 나는 별 하나에 아름다운 말 한마디씩 불러 봅니다. 소학교 때 책상을 같이 했던 아이들의 이름과 패, 경, 옥 이런 이국 소녀들의 이름과 벌써 애기 어머니 된 계집애들의 이름과, 가난한 이웃사람들의 이름과, 비둘기, 강아지, 토끼, 노새, 노루, '프랑시스 잠', '라이너 마리아 릴케', 이런 시인의 이름을 불러봅니다.

이네들은 너무나 멀리 있습니다.
별이 아슬히 멀듯이,

어머님,
그리고 당신은 멀리 북간도에 계십니다.

나는 무엇인지 그리워
이 많은 별빛이 내린 언덕 위에
내 이름자를 써보고,
흙으로 덮어버리었습니다.

딴은 밤을 새워 우는 벌레는
부끄러운 이름을 슬퍼하는 까닭입니다.

그러나 겨울이 지나고 나의 별에도 봄이 오면
무덤 위에 파란 잔디가 피어나듯이
내 이름자 묻힌 언덕 위에도
자랑처럼 풀이 무성할 게외다.

(1941년 11월 5일)

1941년 연희전문학교 졸업 때 문과생들과 찍은 사진. 앞줄 오른쪽에서 두 번째가 윤동주 시인.

　　시인의 가슴 아픈 죽음을 알고 이 시를 읽으면 마지막 연이 예사롭게 읽히지 않습니다. 마치 스스로 자신의 죽음을 예감하고 쓴 것처럼 느껴져서 그저 부드러운 서정시로만 보이지 않는 것입니다. 이 시 속에는 윤동주 시인이 어린 시절에 만난 중국 소녀들이며 유년의 기억들이 순수한 이미지로 그려져 있습니다. 이 시가 쓰인 1941년 11월, 윤동주는 4학년 마지막 학기를 보내며 그리운 것들 위에 '슬프고 부끄러운 이름의 벌레 한 마리'처럼 지나온 시간을 돌아봅니다. 원래 초고에는 마지막 연이 없었는데 윤동주 시인이 다시 고치면서 들어갔다고 합니다. 9연에서 보인 '부끄러움'을 딛고 서명한 날짜에 괄호를 쳐서 새롭게 10연을 써 내려갑니다. 결연한 의지를 보여 준 거지요. 고치고 또 고치며 10연이 완성됩니다. '그러나 겨울이 지나고 나의 별에도 봄이 오면'으로, 맨 마지막에는 '자랑처럼'도 써 넣습니다. 〈별 헤는 밤〉의 '헤다'는 '헤아리다', 그러니까 별의 숫자를 세어 본다는 뜻입니다. '세다'보다 훨씬 부드러운 느낌의 말이지요? 덕분에 우리 시에서 별은 '세는' 것이 아니라 '헤는' 것이 되었습니다. 이 시를 아주 느리게 밤하늘의 별을 하나하나 헤아리는 마음으로 소리 내어 읽어 보세요. 느낌이 참 좋은 시입니다.

4. 쉽게 씌어진 시

참회록, 부끄러운 고백

"용정 집에서 할아버지를 비롯한 어른들이 계시고 두 형(윤동주, 송몽규)이 있는 자리에서 미래에 대한 이야기가 나왔다. 할아버지께서 세상 어른들이 자식에게 바라는 소박한 기대, 즉 사회에 나가 자리 잡아 활동하고 일가를 이끌어 가는 등의 기대를 피력하셨을 때, 몽규 형은 대뜸 '저희들이 그렇게 살기 위해 공부하는 줄 아십니까?' 하고 나왔다. 자기들에게는 더 큰 이상이 있다는 식이었는데, 동주 형이 옆에서 '쉬, 쉬.' 하며 어른들에게 그렇게 말대답하는 것을 조용히 만류하고 있었다."

연전 졸업을 앞두고 진로에 대한 고민이 깊었을 무렵, 윤동주와 송몽규를 회상하는 동생 윤일주의 이야기입니다. 장남으로서 기울어 가는 한 집안을 이끌기 바라는 어른들의 기대, 자신의 이상을 따라 살아야 한다는 양심의 소리, 그리고 어두운 조국의 현실 속에서 윤동주의 갈등은 깊어져 갔습니다. 최고 명문 학교를 나왔지만, 출세를 위해 일제에 굴복하며 산다는 것은 변절자가 되는 것과 같다고 생각했기 때문이지요. 그렇다고 장남인 자신의 처지를 무시할 수도 없었습니다.

일본은 1941년 12월 진주만 기습으로 태평양전쟁을 일으키더니 1942년 1월에는 필리핀 마닐라를 점령했습니다. 젊은이들은 모두 전쟁에 동원되었고, 학생들도 학도병으로 끌려갔습니다. 조선인들은 전쟁 물자 생산과 전투 시설 구축에 강제 동원되었고, 여성들도 군대 '위안부'라는 이름으로 동원되어 성노예 생활을 강요당했습니다.

윤동주의 아버지는 윤동주에게 일본 유학을 권유했습니다. 윤동주와 송몽규는 전쟁에 끌려가 일제의 총알받이가 되는 것보다는 유학이 낫겠다고 판단합니다. 그러나 일본으로 건너가기 위해서는 창씨개명을 해야 했습니다. 창씨개명을 하지 않으면 입학은 물론이고 일본으로 건너가는 배를 타는데 필요한 '도항증명서(배를 타고 나라 밖으로 나가는 것을 허락하는 서류)'조차 뗄 수 없었기 때문입니다. 결국 윤동주는 일본으로 가는 행정 수속을 위해 어쩔 수 없이 성을 '히라누마'로 바꿉니다. 창씨개명은 윤동주 시인의 영혼에 커다란 화상과도 같은 깊은 상처를 남깁니다. 꼿꼿한 지조로 버텨 온 정신이 일본 유학이라는 길 앞에서 무력하게 무너져 버리고 만 것입니다. 윤동주는 이를 씻을 수 없는 치욕과 수치로 여깁니다. 일본으로 가기 위한 서류를 제출하기 5일 전에 쓴 시가 바로 〈참회록〉입니다.

참회록

파란 녹이 낀 구리 거울 속에
내 얼굴이 남아 있는 것은

쉽게 씌어진 시 95

어느 왕조의 유물이기에
이다지도 욕될까.

나는 나의 참회의 글을 한 줄에 줄이자.
— 만 이십사 년 일 개월을
무슨 기쁨을 바라 살아왔던가

내일이나 모레나 그 어느 즐거운 날에
나는 또 한 줄의 참회록을 써야 한다.
— 그때 그 젊은 나이에
왜 그런 부끄런 고백을 했던가.

밤이면 밤마다 나의 거울을
손바닥으로 발바닥으로 닦아 보자.

그러면 어느 운석 밑으로 홀로 걸어가는
슬픈 사람의 뒷모양이
거울 속에 나타나 온다.

(1942년 1월 24일)

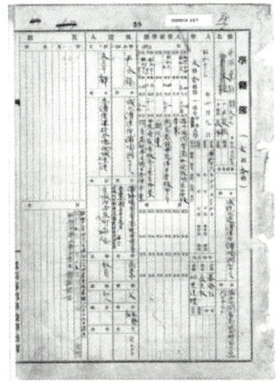 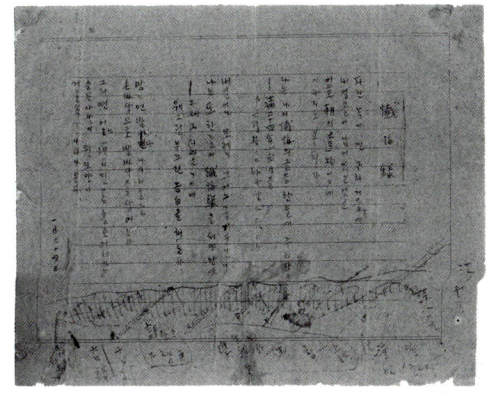

연희전문학교 시절 윤동주 시인의 학적부(왼쪽)와 〈참회록〉 육필 원고. 학적부를 보면 일본의 학교로 진학하기 위해 윤동주라는 이름에 붉은 줄을 긋고 '히라누마'로 성을 바꾼 것을 알 수 있습니다. 〈참회록〉은 윤동주가 연희전문학교를 졸업하고 일본으로 가기 전, 조선에서 마지막으로 쓴 시입니다.

힘없고 무능력한 왕조(대한제국)는 이미 망해 버렸습니다. 그리고 오래된 역사 속의 청동거울도 멸망한 나라처럼 푸른 녹이 슬어 버렸습니다. 이 시는 창씨개명이라는 굴욕으로 인해 자신의 얼굴이 바로 '이다지도 욕된 왕조의 유물'임을 뼈아프게 참회하는 저항의 시이며, 역사의식이 강하게 반영된 자기 성찰의 시입니다. 그래서 우리는 윤동주의 시를 '식민지 지식인의 자기 성찰'이 담긴 시라고 말하지요. 이 시에서 말하는 '참회'란 역사와 민족에 대한 날카롭고 부끄러운 뉘우침이자 자기비판이라 할 수 있습니다.

그런데 이 시의 원본에는 원고지 여백에 특이한 낙서들이 있습니다. 당시 윤동주의 심경을 나타낸 단어들이라 할 수 있겠지요. 그중에서도 '비애 금지'와 '도항증명'이란 단어가 눈길을 끕니다. 도항증명서를 받기 위해 참지 못할 굴욕을 속으로 억지로 삼키면서도 윤동주는 슬픔에 스스로를 무너뜨리지 말자고 다짐했습니다. 그래야 이 앞이 보이지 않는 어두운 시간을 길을 잃지 않고 똑바로 걸어갈 수 있다고 자신을 채찍질한 거예요.

윤동주와 송몽규가 일본 도쿄에 도착한 것은 1942년 3월입니다. 윤동주와 송몽규는 교토제국대학에 시험을 보았고, 송몽규만 합격합니다. 조선인으로 제국대학에 합격하는 일은 거의 기적 같은 일이었다고 해요. 윤동주는 도쿄의 릿쿄대학 문학부 영문과에 입학합니다. 릿쿄대학은 영국성공회가 세운 학교로 지금도 도쿄의 6대 대학 중 하나로 꼽히는 명문 대학입니다.

〈쉽게 씌어진 시〉를 비롯해 윤동주가 릿쿄대학 시절에 쓴 다섯 편의 시는 윤동주가 친구 강처중에게 보낸 편지에서 만날 수 있습니다. 릿쿄대학 편지지에 정성껏 쓴 윤동주의 시와 편지를 고이 간직한 강처중이 아니었다면 이 귀한 시들은 세상의 빛을 보지 못했을 것입니다. 이 다섯 편의 시가 윤동주 시인의 마지막 작품입니다. 그래서 더욱 뜻깊습니다. 이 시들은 1942년 4월에서 6월 사이에 쓰였는데, 그 당시 일제는 '국어(일본어) 상용'이라 하여, 공적인 일은 물론 개인들의 사적인 일에도 일본어 사용을 강요했습니다. 그런 상황에서 윤동주는 한글로 쓴 시를 한글 편지와 함께 친구들에게 보냈습니다.

흰 그림자

황혼이 짙어지는 길모금에서
하루 종일 시든 귀를 가만히 기울이면
땅검의 옮겨지는 발자취 소리,

발자취 소리를 들을 수 있도록
나는 총명했던가요,

이제 어리석게도 모든 것을 깨달은 다음
오래 마음 깊은 속에
괴로워하던 수많은 나를
하나, 둘 제 고장으로 돌려보내면
거리 모퉁이 어둠 속으로
소리 없이 사라지는 흰 그림자,

흰 그림자들
연연히 사랑하던 흰 그림자들,

내 모든 것을 돌려보낸 뒤
허전히 뒷골목을 돌아

황혼처럼 물드는 내 방으로 돌아오면

신념이 깊은 의젓한 양처럼
하루 종일 시름없이 풀포기나 뜯자.
(1942년 4월 14일)

시인은 거리에서 방으로, 즉 밖에서 자기 내면으로 들어옵니다. 원래 타고나기를 조용하고 차분한 사람인지라 시 안에서도 그런 모습이 드러납니다. 그런데 묻는군요. 저녁 땅거미가 지는 때, '하루 종일 시든 귀를 가만히 기울이면' '발자취 소리를 들을 수' 있냐고 말이지요. 그렇게 나는 총명한 사람이었는가, 하고 물어봅니다. 그리고 다음 연에 곧장 총명함과 대립되는 말인 '어리석음'에 대한 이야기를 꺼냅니다. 시인은 어리석음과 총명함의 차이를 우리가 흔히 알고 있는 상식과 다르게 풀어 냅니다. '총명함'으로 대표되는 가치가 출세나 자신의 이익 같은 것이라면 '어리석음'은 식민지 조국의 현실을 자신의 것으로 받아들여 어떻게 해서든 함께 극복하고 싸워 가려는 태도로 풀이할 수 있겠지요. 그런 삶의 태도는 고난과 시련을 안겨 주기 때문에 이른바 일제의 편에 선 '총명한' 지식인 변절자들의 눈에는 '어리석은' 태도일 수밖에 없습니다. 그리하여 시인은 자기 안의 괴로움과 상처, 약한 모습인 '흰 그림자'를 마주하게 됩니다.

윤동주 시는 이렇게 일기처럼 정직합니다. 그래서 많은 이들에게 공감을 주지요. 두려움과 나약함, 끝없이 흔들리는 자신의 '흰 그림자'마저 남김없이 돌려보낸 뒤 시인은 다가올 운명을 맞이합니다. '신념이 깊은 의젓한 양처럼' 말입니다.

윤동주는 도쿄의 릿쿄대학에서 첫 학기를 마치고 고향으로 돌아갔을 때 동생들에게 "우리말 인쇄물이 앞으로 사라질 것이니 무엇이나, 심지어 악보까지도 사서 모으라."고 당부합니다. 극에 달했던 일제의 <u>민족문화말살정책</u>(우리 민족의 전통과 문화의 뿌리를 없애려 한 일본의 식민지 지배 정책. 창씨개명, 조선어 교육 폐지, 일본어 강제, 신사참배, 내선일체설 등이 해당)과 이에 따른 심각한 민족의식의 소멸 현상을 안타깝게 생각했기 때문입니다. 특히 시인으로서 아름다운 우리말과 글이 사라지는 것을 결코 그냥 두고 볼 수 없었습니다.

　머리를 빡빡 깎은 윤동주는 고향에 보름 정도 머뭅니다. 일본 군국주의(국가의 가장 중요한 목적을 군사력에 의한 대외 발전에 두고 모든 정책과 제도를 전쟁과 그 준비를 위해 맞추려는 사상)의 영향으로 대학생들도 군사 훈련 수업을 받아야 해서 군인처럼 머리를 깎은 것이지요. 윤동주는 집에서 병환 중인 어머니를 간호하다가 다시 일본으로 갑니다. 그것이 가족과 마지막 만남이 될 줄은 그땐 아무도 알지 못했습니다.

육첩방은 남의 나라

윤동주는 릿쿄대학에서 한 학기만 수강하고 교토의 도시샤대학 영문과로 전입학합니다. 릿쿄대학이 본래 원하던 학교가 아니었기 때문입니다. 옮겨 간 도시샤대학 역시 기독교 학교였습니다. 북간도에서부터 장로교 교인이었던 윤동주에게는 편안한 느낌이었을 것입니다. 송몽규는 이미 봄에 그곳에 먼저 와 있었습니다. 윤동주는 송몽규가 사는 곳과 걸어서 5분 정도의 거리에 있는 다케다 아파트에서 하숙을 했습니다. 당시 일본의 아파트는 대개 방 한 칸에 부엌 하나인 월세방이었습니다. 윤동주가 살던 다케다 아파트 자리는 1945년경 화재로 불타고 지금은 그곳에 교토조형예술대학이 들어서 있습니다.

다케다 아파트에서 도시샤대학까지 가는 길에는 북백천과 압천 등의 개울이 흐르고 있었습니다. 걸어서 가기에는 다소 먼 거리지만 산책을 좋아하는 윤동주에게는 안성맞춤인 곳이었지요. 길 곳곳에 절과 고궁이 있고 무엇보다 그가 가장 좋아하는 시인 정지용의 시 〈압천〉이 쓰인 곳을 날마다 오가며 지난다는 설렘이 그를 이곳에 머물도록 했을 것입니다. 그는 예전에 『정지용 시집』에서 〈압천〉을 읽으며 여백에 붉은 색연필로 '걸작'이라고 써 놓았습니다. 그 감동을 매일 몸으로 느끼며 그 길을 걸었던 거예요.

윤동주의 당숙인 윤영춘은 교토 시절의 윤동주에 대해 이렇게 말합니다.

"내가 도쿄에서 교직에 머물러 있을 때다. 동주는 도시샤대학 영문과에, 몽규는 교토제국대학에 각기 입학하고 얼마 안 되어 나를 찾아 놀러 왔다. 동주는 말할 적마다 '시'와 '조선'이라는 이름이 거의 말버릇처럼 자주 튀어나왔다. 아무쪼록 때가 때이니만큼 늘 몸을 보중하여 학업에만 정진하라고 나는 각별히 말해 주었다."

무서운 시간

거 나를 부르는 것이 누구요.

가랑잎 이파리 푸르러 나오는 그늘인데,
나 아직 여기 호흡이 남아 있소.

한번도 손들어 보지 못한 나를
손들어 표할 하늘도 없는 나를

어디에 내 한 몸 둘 하늘이 있어
나를 부르는 것이오.

일이 마치고 내 죽는 날 아침에는
서럽지도 않은 가랑잎이 떨어질텐데……

나를 부르지 마오.
(1941년 2월 7일)

윤동주는 이 시를 쓰고 4년 뒤, 1945년 2월 시 속의 무서운 시간인 죽음을 맞이하게 됩니다. 이 시는 마치 그의 죽음을 예고하는 듯하여 소름이 돋습니다. 그는 예감하고 있었던 것입니다. 그리고 마음속으로 자신의 죽음을 준비하고 있었나 봅니다. 자신이 선택한 삶과 길을 포기하지 않는 한 죽음의 위험은 언제나 자신을 덮칠 수 있다는 것을요.

1942년 8월 일본 유학 첫 해 여름. 뒷줄 오른쪽이 윤동주, 앞줄 가운데가 송몽규입니다.

가랑잎은 마른 나뭇잎입니다. 이런 나뭇잎이 되살아나서 푸르러진다는 것은 현실적으로 불가능합니다. 그러나 계절의 순환이라는 거대한 자연의 흐름 속에서는 얼마든지 가능하지요. 시인은 가을과 겨울이 지나 새봄이 찾아오듯이 '잎이 푸르러 나오는 그늘'에 '호흡' 즉 언제나 새롭게 부활하겠노라고 이야기합니다. '죽음'이라는 결코 바라지 않는 잔인하고 무서운 시간은 누구에게나 공포입니다. 윤동주는 이런 시간이 자신에게 찾아온다면 어떻게 대처할 것인지 묻고 있습니다. 누구나 '무서운 시간'이 '나를 부르지' 않기를 바라겠지요. 정말 솔직하고 인간적입니다.

쉽게 씌어진 시

창밖에 밤비가 속살거려
육첩방은 남의 나라,

시인이란 슬픈 천명인 줄 알면서도
한 줄 시를 적어볼까,

땀내와 사랑 내 포근히 품긴
보내 주신 학비 봉투를 받아

대학 노-트를 끼고
늙은 교수의 강의 들으러 간다.

생각해보면 어린 때 동무들
하나, 둘, 죄다 잃어버리고

나는 무얼 바라
나는 다만, 홀로 침전하는 것일까?

인생은 살기 어렵다는데
시가 이렇게 쉽게 씌어지는 것은
부끄러운 일이다.

육첩방은 남의 나라,
창밖에 밤비가 속살거리는데,
등불을 밝혀 어둠을 조금 내몰고,
시대처럼 올 아침을 기다리는 최후의 나,

나는 나에게 작은 손을 내밀어
눈물과 위안으로 잡는 최초의 악수.

(1942년 6월 3일)

이 시 속의 '남의 나라'는 일본입니다. 일본과 조선은 한 몸이라며 '내선일체'를 부르짖던 1942년, 조선어로 쓰는 모든 글이 전면 금지된 위험한 시대에 윤동주는 서슴없이 일본을 '육첩방은 남의 나라'라고 내뱉습니다. 자신이 결코 식민지의 신민이 아니라는 저항 의식을 시로 표현합니다. 그리고 결전의 날을 맞이한 전사처럼 냉철하게 자신을 되돌아봅니다. '인생은 살기 어렵다는데/ 시가 이렇게 쉽게 씌어지는 것은/ 부끄러운 일이다.'라며 자신의 마음을 다잡습니다. 그리고 마침내 시대의 어둠과 맞붙어 싸우기로 합니다. '등불을 밝혀 어둠을 조금 내몰고/ 시대처럼 올 아침을 기다리는 최후의 나'로 남겠다고 결의하는 것이지요. 마지막까지 남는 일은 어렵고 힘듭니다. 윤동주는 자신이 그 끝자락에 서겠다고 '눈물과 위안으로' '최초의 악수'를 하며 맹세합니다.

　　1942년 윤동주가 도시샤대학을 다니던 무렵, 일제는 '치안유지법'과 '언론, 출판, 집회, 결사 등의 임시 단속법' 등 각종 가혹한 법들을 내세워 '사상 범죄자'들을 검거하는 데 혈안이 되어 있었습니다. 윤동주는 그런 때에 일제의 블랙리스트(감시가 필요한 위험인물들의 명단)에 속해 있던 송몽규와 만나고 같이 행동하는 등 스스로 일제의 감시 체제 속으로 걸어 들어갑니다. 도시샤대학 영문과 2년 선배인 장성언과 만나 1942년 10월 1일 총검거가 시작된 '조선어학회 사건'을 안타까워하고, 민족의식을 강화할 수 있도록 자신이 가지고 있던 '조선사 개론' 책을 빌려

주며 한민족의 민족문화 의식을 드높이는 일에도 힘썼습니다. 윤동주와 송몽규 등 뜻이 맞는 친구들은 자주 모여서 조국의 독립을 위해 어떤 일을 할 것인지 토론했습니다. 그러나 그들을 은밀히 감시하고 대화를 엿듣는 이들이 있다는 것은 눈치채지 못했지요. 그것은 일본 경찰의 특고 형사들이었습니다. 특고 형사는 사상적인 감시를 맡고 있는 특수 조직 형사로 독립운동에 뜻을 둔 지사들을 끈질기게 감시했습니다.

1943년 여름, 윤동주와 가까이 지내던 같은 학년 학생들은 고향에 가는 윤동주를 위해 송별회를 열어 주었습니다. 그때 찍은 사진을 지니고 있던 한 학생은 윤동주가 말수가 적고 단정한 모범생이었다고 기억합니다. 그리고 영어를 무척 잘하는 차분한 학생이었다고 말합니다. 송별회 자리에서 친구들이 노래를 시키자 윤동주는 수줍은 얼굴로 아리랑을 불렀다고 합니다. 그 친구들도 윤동주와 그렇게 헤어지게 될 줄을 그땐 알지 못했겠지요.

한 줌의 재로 변해 용정으로

윤동주와 송몽규를 향해 넘실거리던 어둠의 그림자는 마침내 본색을 드러내고 말았습니다. 1943년 7월 10일 송몽규가 먼저 교토 시모가모 경찰서에 독립운동 혐의로 체포되었습니다. 그리고 7월 14일, 귀향길에 오르려고 차표를 사 놓고 짐까지 부친 상태에서 윤동주도 독립운동 혐의로 체포되었습니다. 하숙집에 들이닥친 일본 경찰은 책들과 일기, 작품들을 압수해 갔습니다. 함께 잡혀간 조선인 중에는 고희욱이란 유학생도 있었습니다. 단지 송몽규와 같은 하숙집에 산다는 이유로 윤동주와는 인사 정도 나눈 사이였어요. 이것만 보아도 일본 경찰이 조선 유학생들을 얼마나 감시하고 탄압했는지 잘 알 수 있습니다. 일본 경찰은 송몽규를 주모자라고 판단했습니다. 그리고 윤동주는 사촌이라 행동을 함께했다고 본 것이지요. 고희욱은 나중에 기소유예(범죄의 혐의는 인정하나 여러 가지 상황을 고려해 재판을 청구하지 않는 것)로 풀려나지만 송몽규

윤동주의 마지막 사진입니다. 도시샤대학 시절 친구들과 찍은 사진으로 앞줄 왼쪽에서 두 번째가 윤동주입니다.

와 윤동주는 그러지 못합니다. 도쿄에서 교토 경찰서로 면회를 간 당숙 윤영춘은 윤동주가 당시 일본 형사 앞에서 그가 쓴 작품과 일기를 번역하는 것을 보았다고 합니다.

"면회를 청하니까 처음에는 다음날로 미루다가 친척이라 허락한다며 취조 형사는 나더러 집 소식 이외에는 일절 다른 말은 말아 달라고 타일렀다. 취조실에서 형사는 자기 책상에 윤동주를 앉히고 동주가 쓴 조선말 시와 산문을 일어로 번역시켰다. 이보다 훨씬 몇 달 전에 내게 보여 준 시 가운데 가장 좋다고 생각된 시들은 거의 번역한 모양이었다. 동주가 번역하고 있던 원고는 상당히 부피가 컸다. (……) 늘 웃던 그 얼굴은 파리해져 있었다. 동주는 나더러 '아저씨, 염려 마시고 집에 돌아가서 할아버지와 아버지, 어머니에게 석방되어 나간다고 일러 주세요.' 이것이 생전에 그를 만난 최후의 순간이었다."

조사는 4개월이 넘게 계속되었고, 결국 그들은 검사국(일제강점기에 검사가 일을 보던 곳)으로 넘어갔습니다. 독립운동 혐의가 적용된 것입니다. 일제는 한글로 문학을 하는 자체를 독립운동으로 받아들였습니다. 언어는 한 민족의 정신이며 뿌리라 문학이 미치는 영향력이 크기 때문입니다. 그래서 일제는 강제로 일본어를 쓰게 하고 조선어 말살 정책을 편 것이지요. 수많은 문인들이 변절하여 일제에 충성하는 상황에서 거꾸로 우리의 언어를 지키겠다는 것, 그 언어로 민족의 역사와 문화를 널리 알리겠다는 것이 일제에게 매우 불온하게 여겨진 것은 당연하지요.

　결국 2월 22일 윤동주와 송몽규는 기소되었고, 1944년 3월 31일 교토 지방재판소의 재판 결과, 윤동주는 징역 2년을 선고받았습니다. 이제까지 갇혀 있던 120일을 포함한 형량이었습니다. 그리고 송몽규 역시 윤동주와 같은 죄목으로 2년형의 선고를 받았습니다. 그러나 그간 갇혀 있던 120일이 포함되지 않아 윤동주에 비해 무거운 형량이었습니다.

'조선인 학생 민족주의 그룹 사건'. 이것이 일본 경찰이 윤동주 관계 사건에 붙인 명칭입니다. 이것은 뒤늦게 공개된 일제의 정부 문서 「특고월보」 1943년 12월 치와 「사상월보」 제109호(1944년 4, 5, 6월 치)를 통해 알려졌습니다. 이 「특고월보」의 번역은 윤동주의 친구 정병욱과 동생 윤일주가 함께 하였습니다. 시인의 억울한 죽음을, 살아남아 그를 기억하는 이들이 끝까지 밝히려 한 것이지요.

"이들은 민족의식을 드높이고 문학을 통해 민족의 역사와 민족문화를 널리 알리고 유지시키려고 했다. 그리고 조선의 문학자가 되어 조선의 독립을 위해 힘써야 한다고 했다. 뿐만 아니라 조선인은 종래 무기를 몰랐지만, 징병제(국가가 병역 의무자를 강제적으로 모아 복무하도록 하는 제도) 실시에 의해 새로이 무기를 갖고 장래 대동아전쟁(태평양전쟁)에서 일본이 패전에 봉착할 즈음, 우수한 지도자를 얻어 민족적 무력봉기를 결행하여 독립운동을 실현할 것이라고 주장 (……)"

「특고월보」 내용 중의 일부입니다. 윤동주와 송몽규가 투옥된 결정적 계기는 '징병제' 부분입니다. 일제는 구체적인 무장투쟁으로 옮겨지게 될 저항의 불씨를 두려워했던 것이지요. '독립'을 바라는 조선 사람들과 피할 수 없는 숙명의 투쟁을 치러야 하기 때문입니다. 반식민지 반제국주의 투쟁의 불길이 얼마나 세찬지 일제는 그동안의 전쟁 경험을 통해 알고 있었습니다.

윤동주 시인이 옥사한 일본의 후쿠오카 형무소.

윤동주와 송몽규는 후쿠오카 형무소에 투옥되었습니다. 수감 후 달마다 고향으로 일어로 된 엽서 한 장만 쓸 수 있게 허락됐습니다. 윤동주는 영어와 일어가 함께 인쇄된 신약성서를 보내 달라고 부탁해서 감옥에서 읽었습니다. 윤동주의 옥중 모습을 단편적으로 전하는 동생 윤일주의 글이 있습니다.

"'붓끝을 따라온 귀뚜라미 소리에도 벌써 가을을 느낍니다.'라고 쓴 나의 글월에 '너의 귀뚜라미는 홀로 있는 내 감방에서도 울어 준다. 고마운 일이다.'라는 답장을 준 일이 기억된다."

형은 남의 나라 차디찬 감옥 독방에 갇혀서도 어린 동생의 엽서에 다정한 답장을 해 줍니다. '귀뚜라미 소리'를 고마워할 줄 아는 따뜻한 마음을 가진 봄볕 같은 젊은 시인. 그의 서신은 모두 검열되었고 금지된 내용이 적혀 있을 경우 먹으로 지워졌습니다. 그리고 감옥에서 복역 중 노동도 했습니다. 그러나 그런 이야기는 외부로 전해지는 게 금지되었습니다. 또한 원인 모를 주사를 계속해 맞아야만 했습니다. 이 주사는 윤동주와 송몽규를 죽음에 이르게 한 결정적인 원인으로 보입니다.

1945년 2월, 한 장의 전보가 용정으로 날아옵니다. 감옥에서 10개월을 보낸 윤동주의 사망 소식이었습니다. 매달 5일이면 오던 엽서가 중순이 지나도 오지 않더니 "2월 16일 윤동주 사망, 시체를 가지러 오라."는 사망 통지서가 온 것입니다. 당숙 윤영춘의 증언입니다.

"동주가 옥사했다는 부음을 받고, 동주가 사망한 지 10일 후 영석 형과 나는 후쿠오카 형무소를 찾아갔다. 우선 산 사람 먼저 찾아야겠다는 생각에 몽규부터 찾고 동주를 나중에 찾기로 했다. 간수는 우리더러 몽규와 말할 때 일본말로 할 것, 시국에 대한 말은 일체 금지라고 주의를 주었다. 복도에 들어서자 죄수복을 입은 20대 한국 청년 50여 명이 주사를 맞으려고 시약실 앞에 쭉 늘어선 것이 보였다. 몽규는 반쯤 깨진 안경을 걸친 채 피골이 상접해서 처음엔 알아보지 못했다. 입으로 무어라 중얼거리나 잘 들리지 않아서 '왜 그 모양이냐'고 물었더니 '저놈들이 주사를 맞으라고 해서 맞았더니 이 모양이 되었고 동주도 이 모양으로……' 하고 말소리를 흐렸다. 이것이 몽규와 이 세상에서의 마지막 이별이었다."

당숙이 다녀간 2주일 뒤 송몽규도 사망하고 맙니다. '형무소에서 맞게 한 주사 때문에 죽었다.'라는 증언을 바탕으로 윤동주와 송몽규의

윤동주 시인의 장례식 사진.

안타까운 죽음은 그 원인이 확실히 밝혀져야 합니다. 그것이 '인간에 대한 생체 실험'이라고 강하게 추정되지만 이 끔찍한 사건을 일으킨 사람들은 아직까지 입을 열지 않습니다.

윤동주의 장례식은 3월 초순 눈보라가 매섭게 치는 날이었습니다. 한 줌의 재로 변한 윤동주의 유해는 아버지와 동생의 품에 안겨 두만강 다리를 건너 용정으로 돌아옵니다. 용정 윤동주의 집 앞 뜰에서 치러진 장례식에서 그의 시 〈자화상〉과 〈새로운 길〉이 낭독되었습니다. 영정은 사각모를 쓴 연희전문학교 졸업 사진이었습니다. 장지는 용정 동산이었고요. 할아버지와 아버지는 나중에 '시인윤동주지묘'라고 크고 또렷한 글씨로 새긴 비석을 세웠습니다. 할아버지와 아버지가 윤동

1947년 용정의 묘비에서 가족들을 찍은 사진. 묘비 왼쪽이 윤동주의 막냇동생 윤광주, 오른쪽이 여동생 윤혜원입니다.

주를 제일 먼저 '시인'이란 이름으로 부른 것입니다. 윤동주의 장례식 광경을 찍은 사진을 보세요. 모두들 꾹꾹 누른 슬픔과 분노로 입술을 꽉 깨물고 있습니다. 눈물도 함부로 흘릴 수 없을 만큼 비통하고 억울하게 죽은 윤동주의 영정 사진을 둘러서서 마지막 가는 길을 지켜 주고 있습니다. 그 뒤 3월 7일, 송몽규도 옥사합니다. 8월 15일 조국 광복을 다섯 달 앞둔 때였습니다.

5. 하늘과 바람과 별과 시

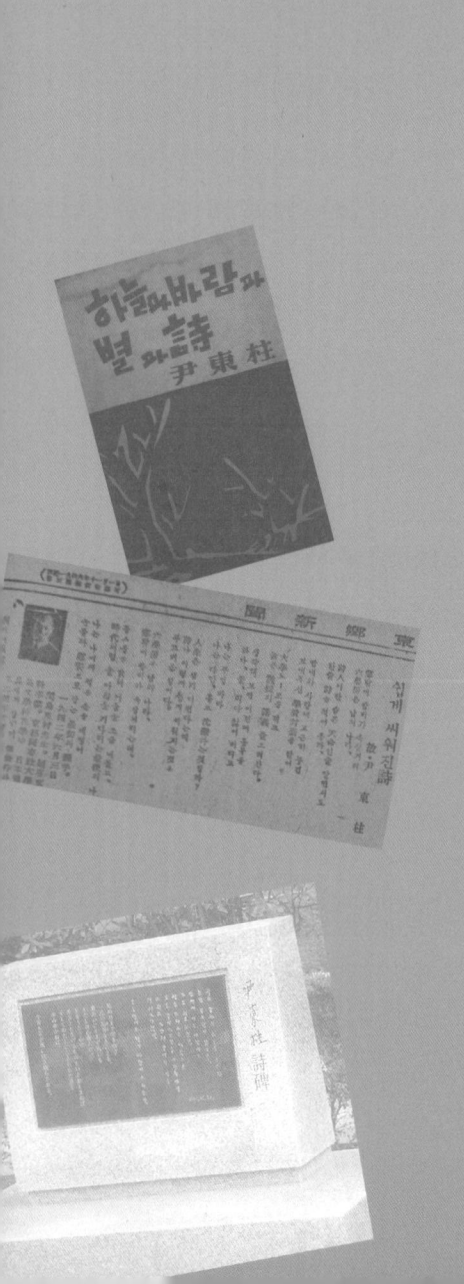

유고 시집 발간과 그 후

    1945년 8월 15일, 일본이 패망하고 일제의 꼭두각시 정부였던 만주국에는 소련군이 머무르게 됩니다. 그 후 소련군도 물러나고 북간도는 중국의 영토로 돌아갑니다. 그리고 세월이 흘러 1946년 2월 16일, 윤동주의 옥사 1주기가 돌아왔습니다. 윤동주의 집에서는 마치 '아들 장가보내는 잔치 음식을 마련하는 것처럼' 음식을 넉넉히 해 윤동주 1주기 추모식을 가졌다고 합니다.

    1946년 6월에 윤동주의 동생 윤일주가 가족들보다 먼저 서울로 왔습니다. 윤일주는 형의 친구들을 찾아다니며 형의 유품과 자취를 찾았지요. 강처중은 자신이 맡아 두었던 앉은뱅이책상과 책들, 연희전문학교 졸업 앨범 등을 전해 주었습니다. 정병욱은 그가 지니고 있던 윤동주가 손수 만든 필사본 시집 『하늘과 바람과 별과 시』를 전해 줍니다. 처음 윤동주가 만든 세 권 중에 그때까지 유일하게 남아 있는 원고였습니다. 정병욱은 학도병으로 끌려가면서도 윤동주의 시 원고를 잘 보관하여 달라고 고향의 어머니께 부탁했다고 합니다. 나중에 윤일주와 결혼하게 되는 정병욱의 누이 말에 따르면 그 원고는 마루 밑에 감추었다고 합니다. 마루 널 아래 땅을 깊게 파고 그 속에 습기를 막기 위해

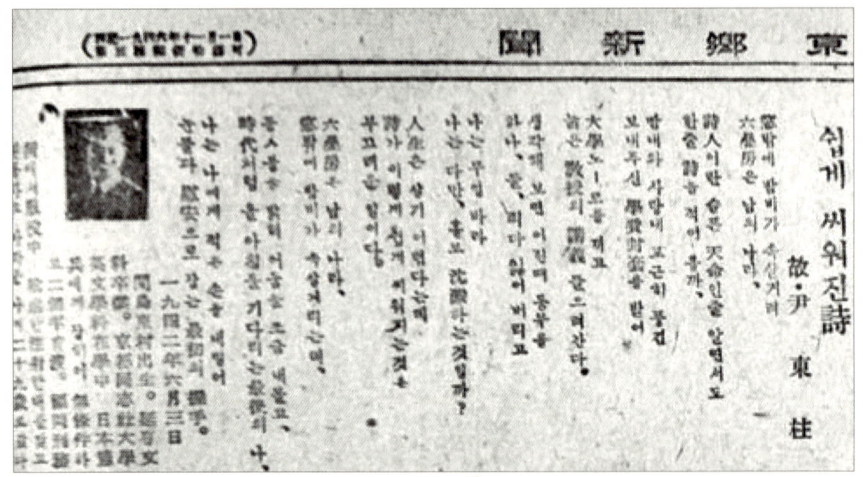

1947년 2월 13일 경향신문에 실린 윤동주의 〈쉽게 씌어진 시〉. 왼쪽으로 윤동주의 사진과 함께, 윤동주가 좋아하던 시인 정지용이 쓴 윤동주의 생애가 있습니다.

짚을 깐 다음 큰 독을 놓고 원고를 두었습니다. 그렇게 정성스레 보관한 원고가 중심이 되어 윤동주 유고 시집 『하늘과 바람과 별과 시』가 세상에 나온 것입니다.

　강처중 또한 윤동주의 시를 세상에 알리는 데 큰 역할을 했습니다. 강처중은 당시 경향신문 기자로 있었는데 1947년 2월 13일자 경향신문에 윤동주의 〈쉽게 씌어진 시〉를 실었습니다. 그냥 시만 실은 게 아니라, 당시 경향신문 주간이었던 정지용 시인의 소개문도 함께 실었습니다. 이 시가 실리고 사흘 뒤는 윤동주의 2주기였습니다. 강처중과 정병욱 등 친구와 친척들 30여 명이 모여 추모회를 가졌습니다. 윤동주가 많은 영향을 받았던 정지용 시인도 참석했습니다.

윤동주의 3주기가 되는 1948년 1월 30일에 『하늘과 바람과 별과 시』 초간본(여러 차례 간행된 책 중 맨 첫 책)이 정음사에서 발간되었습니다. 생전에 그토록 바랐지만 죽고 나서야 첫 시집이 출간된 것입니다. 이 초간본에는 31편의 시가 실렸습니다. 정병욱이 보관했던 19편과 강처중이 보관하고 있던 윤동주 유품 속 12편을 더한 것입니다. 정지용 시인이 머리말을 쓰고 강처중은 친구들을 대표해서 우정이 담긴 발문(책의 끝에 책과 관련된 사항을 간략히 적은 글)을 썼습니다. 정지용 시인은 시인으로서 채 피지도 못하고 일제에 의해 무참히 짓밟혀야 했던 윤동주의 시 세계를 누구보다도 안타까워했습니다. 다음은 정지용 시인이 쓴 서문의 일부입니다.

"일제강점기에 날뛰던 부일문사(일제에 동조한 작가) 놈들의 글이 다시 보아 침을 배앝을 것뿐이나, 무명 윤동주가 부끄럽지 않고 슬프고 아름답기 한이 없는 시를 남기지 않았나? (……) 일제 헌병은 동 섣달에도 꽃과 같은, 얼음 아래 다시 한 마리 잉어와 같은 조선 청년 시인을 죽이고 제 나라를 망치었다."

일본 도시샤대학에 있는 윤동주의 시비. 〈서시〉가 한글과 일본어로 새겨져 있습니다. 일본에도 윤동주를 좋아하는 사람들이 많이 있어, 그를 추모하고 시를 연구하는 모임도 활발하다고 합니다.

『하늘과 바람과 별과 시』 초간본(왼쪽)과 증보판(오른쪽) 표지.

    그 후 1955년 2월 윤동주 서거 10주년 기념으로 유고를 더 보충한 증보판(모자란 내용을 더 보태어 다시 출판한 책)이 정음사에서 나옵니다. 그런데 이 증보판 시집부터는 정지용 시인의 서문과 강처중의 발문이 빠지게 됩니다. 이른바 월북(휴전선 북쪽으로 넘어감) 인사라는 이유 때문이었습니다.

    1985년 일본의 윤동주 연구가인 오오무라 마스오 교수에 의해 북간도에 있는 윤동주 묘와 비석이 우리나라 언론과 학계에 소개됩니다. 윤동주 시인이 다니던 연희전문학교(연세대학교) 기숙사 자리에는 윤동주 시비가 세워져 있습니다. 건축학자이자 교수인 동생 윤일주 교수가 설계한 작품입니다. 윤동주 시인이 다녔던 일본의 도시샤대학, 하숙을 했던 다케다 아파트 자리에도 시비가 있습니다.

윤동주 시집 『하늘과 바람과 별과 시』는 현재까지 계속 판을 거듭하면서 출판되고 있습니다. 뿐만 아니라 여러 나라에서 번역이 되어 세상 사람들에게 읽히고 있습니다. 그를 연구한 책과 논문도 수백 편이나 됩니다. 윤동주 시인은 너무도 짧고 슬픈 생애를 살다 떠났지만 그의 시는 남아서 '오늘도 내일도' '고개를 넘어서 마을로' '언제나 새로운 길'이 되고 있습니다. 시인과 시는 영원한 젊음을 간직한 채 날마다 새롭게 사람들 속에서 감동의 꽃으로 피어나고 있습니다. '별이 바람에 스치우'는 오늘밤에도 말입니다.

| 맺는 글 |

가슴에 새기는 시

　어떤 사람들은 우리 시대를 두고 '부끄러움이 사라진 시대'라고 합니다. 많은 이가 진실을 외면하고, 거짓과 욕심으로 삶을 꾸미고 말을 꾸미며 하루하루를 살아갑니다. 어느새 그런 모습들에 익숙해져 버렸습니다. 이런 때에 윤동주 시인의 이야기를 쓰고 나니 온몸을 두들겨 맞은 듯 아프기만 합니다. 윤동주의 시와 그의 삶이 우리 마음속의 부끄러움을 꺼내어 비추고 있기 때문입니다. '하늘을 우러러 한 점 부끄럼이 없기를 잎새에 이는 바람에도 괴로워했'던 그 맑은 마음을 닮아갈 수는 없을까요?

　여러분이 늘 윤동주의 시와 함께 할 수 있기를 바랍니다. 윤동주의 시들을 소리 내어 읽고, 또 가능하다면 공책에 적어 보면 좋겠습니다. 눈으로 읽을 때와는 맛이 다를 거예요. 마음에 닿는 시가 있다면 외워 보도록 해요. 시는 제 안에 노래를 담고 있기 때문에, 시를 외운다면 그 시는 노래가 되어 어른이 되어도 쉽게 잊히지 않는답니다. 이 책을 읽는 친구들이 그렇게 윤동주 시인의 마음을 가슴에 새기며 자라나길 희망합니다. 그래서 이 땅에 '별을 노래하는 마음으로 모든 죽어가는 것을 사랑'하는 착하고 따뜻한 사람들이 더 많아지기를 바랍니다.

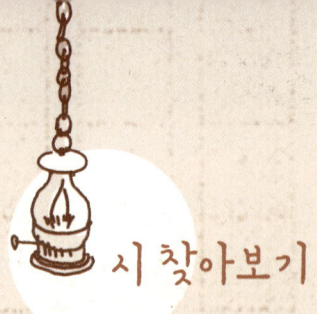
시 찾아보기

겨울 _ 50
고향 집 _ 15
굴뚝 _ 52
귀뚜라미와 나와 _ 66
길 _ 84
눈 감고 간다 _ 78
만돌이 _ 27
무서운 시간 _ 104
무얼 먹구 사나 _ 51
별 헤는 밤 _ 86
빗자루 _ 20
사과 _ 22
산울림 _ 61
새로운 길 _ 59

서시 _ 7
소년 _ 67
쉽게 씌어진 시 _ 106
십자가 _ 79
아우의 인상화 _ 64
오줌싸개 지도 _ 13
자화상 _ 70
조개껍질 _ 44
종달새 _ 46
참회록 _ 94
팔복 _ 75
해바라기 얼굴 _ 35
호주머니 _ 29
흰 그림자 _ 99

어린이를 위한 새로운 인물 돋보기
한겨레 인물탐구

01 **김구** 아름다운 나라를 꿈꾸다
청년백범 글 | 박시백 그림

02 **간디** 폭력을 감싸 안은 비폭력
카트린 하네만 글 | 우베 마이어 그림 | 김지선 옮김

03 **다윈** 세상을 뒤흔든 놀라운 발견
카트린 하네만 글 | 우베 마이어 그림 | 김지선 옮김

04 **마틴 루터 킹** 검은 예수의 꿈
카트린 하네만 글 | 우베 마이어 그림 | 김지선 옮김

05 **전태일** 불꽃이 된 노동자
오도엽 글 | 이상규 그림

06 **제인 구달** 침팬지의 용감한 친구
카트린 하네만 글 | 우베 마이어 그림 | 윤혜정 옮김

07 **윤동주** 별을 노래하는 마음
정지원 글 | 임소희 그림

08 **린드그렌** 삐삐 롱스타킹의 탄생
카트린 하네만 글 | 우베 마이어 그림 | 윤혜정 옮김

09 **공병우** 한글을 사랑한 괴짜 의사
김은식 글 | 이상규 그림

10 **체 게바라** 불가능을 꿈꾼 혁명가
오도엽 글 | 이상규 그림

11 **김대중** 행동하는 양심
손홍규 글 | 김홍모 그림

12 **헬렌 켈러** 세상을 밝힌 작은 거인
윤해윤 글 | 원혜진 그림

13 **방정환** 어린이 세상을 꿈꾸다
오진원 글 | 김금숙 그림

계속 나옵니다.